गीता

सुगीता कर्तव्या

राजीव कुमार दुबे

BlueRose ONE.com
Stories Matter
NewDelhi • London

BLUEROSE PUBLISHERS
India | U.K.

Copyright © Rajeev Kumar Dubey 2024

All rights reserved by author. No part of this publication may be reproduced, stored in a retrieval system or transmitted in any form or by any means, electronic, mechanical, photocopying, recording or otherwise, without the prior permission of the author. Although every precaution has been taken to verify the accuracy of the information contained herein, the publisher assumes no responsibility for any errors or omissions. No liability is assumed for damages that may result from the use of information contained within.

BlueRose Publishers takes no responsibility for any damages, losses, or liabilities that may arise from the use or misuse of the information, products, or services provided in this publication.

For permissions requests or inquiries regarding this publication, please contact:

BLUEROSE PUBLISHERS
www.BlueRoseONE.com
info@bluerosepublishers.com
+91 8882 898 898
+4407342408967

ISBN: 978-93-5989-956-5

Cover design: Shivam
Typesetting: Namrata Saini

First Edition: July 2024

आत्म-निवेदन

प्रिय पाठकगण!
सहज समर्पण
गीता का अनुवाद।
सकुचित है मन,
सीमित जीवन—
अगणित हैं परिवाद।

सत्य तो यह है कि गीता का काव्यानुवाद दुष्कर है। यदि किसी व्यक्ति को संस्कृत भाषा का लेश मात्र भी ज्ञान न हो, तो स्थिति भिन्न है। परन्तु जिसे अल्प मात्रा में भी संस्कृत का बोध हो, वह गीता के प्रशान्त सौन्दर्य, उसकी मधुरता, और उसकी झंकृति का मौन अनुभव सरलता से कर सकता है। किसी भी मनुष्य के लिए गीता को अनूदित करना शक्य तो है, परन्तु प्रायः उसकी मौलिकता कहीं लुप्त हो जाती है। शब्द ठिठक जाते हैं, लय टूट जाता है, भावना संवाद-विहीन हो जाती है। यह अन्तर संस्कृत और हिंदी के मध्य किसी भाषागत भेद के कारण नहीं है; न ही शब्दकोश की न्यूनता की उपज है। ईश्वर और मनुष्य की सत्ता और विशेषाधिकार के मध्य महान अन्तर ही अनुवाद के कार्य को दुरूह बनाता है। अतएव यह स्वीकार करने में मुझे कोई संकोच नहीं है कि यह काव्यानुवाद मेरी अनधिकार चेष्टा है, और प्रकारान्तर से मेरा दुस्साहस भी। परन्तु यह दायित्व मैंने लोक-कल्याण के शुभ संकल्प से स्वीकार किया। इस उपक्रम में गीता को वारम्वार पढ़ने, मनन करने और तदनुरूप आत्मोन्नति का जो "स्वान्तः सुखाय" सुख प्राप्त हुआ, वह अतीन्द्रिय, अकल्पनीय और वर्णनातीत है।

ग्रन्थ नहीं यह,
पन्थ नहीं यह–
भाष्य न तर्क-विवाद।
धर्म न बोली,
ईद न होली–
यह शुभ अंतर्नाद।

"गीता सुगीता कर्तव्या किमन्यै: शास्त्रविस्तरै:" - यह भारत की आर्ष-पम्परा का चिरन्तन निष्कर्ष है। भारत विश्व का एकमेव देश है जिसने वैचारिक स्वतन्त्रता को अभिव्यक्ति दी। अनेक दर्शन, विभिन्न धर्म और विविध चिन्तन को विस्तृत आयाम भारत में ही मिला। भारत ने जीवन को प्रतिपल एक अभिनव दृष्टिकोण से देखा है, एक नूतन उमंग से सार्थक किया है। यहाँ विभिन्नता है, अनेकता है; परन्तु विघटन नहीं है, संगठन है, परिपूर्णता है।

जीवन का रण–
जिसमें प्रति क्षण
भय है, शोक-विषाद।
देता सम्बल,
इसमें केवल
गीता का सम्वाद।

विभिन्नता को एक सूत्र में पिरोती है गीता; श्रीमद्भगवद्गीता अर्थात भगवान के गीत। गीता जननी बनकर प्रत्येक चिन्तन, दर्शन और धर्म का पोषण करती है। महात्मा गाँधी ने इसे गीता माता की संज्ञा दी है। ईश्वर यदि पिता है, तो उसकी वाणी, उसकी शिक्षा, उसका अनुदेश निस्संदेह माता ही होगी।

प्रश्न जटिल हैं,
राह कुटिल हैं–
विस्तृत है उन्माद।
प्रभु की वाणी,
नित कल्याणी,
भरती है आह्लाद।

महर्षि व्यास ने कहा है- गीता सुगीता करने योग्य है, जो स्वयं भगवान् के मुखारविन्द से निस्सृत है। जीवन में युक्तियुक्त और यथार्थ रीति से यदि हम गीता को धारण करें, तो भ्रमित बुद्धि को एकाग्रता और चित्त को स्थिरता प्राप्त होती है। जैसे सागर के उपलब्ध होने पर कूप की उपादेयता गौण हो जाती है, ऐसे ही गीता की समग्रता के समक्ष अनेक शास्त्र निष्प्रयोजन सिद्ध होते हैं।

श्रुतिविप्रतिपन्ना ते यदा स्थास्यति निश्चला ।
समाधावचला बुद्धिस्तदा योगमवाप्स्यसि।।गीता 2:53।।
(भाँति-भाँति के वचनों को सुनने से विचलित हुई तेरी बुद्धि जब परमात्मा में अचल और स्थिर ठहर जायेगी, तब तू योग को प्राप्त हो जायेगा।)

गीता का प्रत्येक श्लोक मधुर है, ईश्वरीय प्रेम और करुणा से सिक्त है। प्रेम ही परिवर्तन की आधारशिला है, जिस पर ज्ञान के विशाल प्रासाद का निर्माण सम्भव होता है। आत्मा को अनुभूत होता है कि जैसे यह समस्त कोष मात्र मेरे हेतु है, ईश्वर का यह संवाद मेरे प्रति है। यहाँ दिशाएँ विलीन हो जाती हैं, समय स्थिर हो जाता है, अहंकार मौन हो जाता है, सांसारिक तृष्णा गौण हो जाती है। गीता का प्रत्येक श्लोक युक्तिसंगत और परिपूर्ण है। गीता एक सामान्य जन के लिए उतनी ही सहज और सुलभ है, जितना एक प्रकाण्ड पण्डित के लिए। वस्तुतः गीता को हृदयंगम करने के लिए अर्जुन के सदृश ऋजुता और निश्छलता महत्वपूर्ण है। महात्मा गाँधी के अनुसार, "गीता ने ज्ञान की महिमा गायी है, लेकिन यह मात्र बुद्धि से परे है; यह मूलतः हृदय को संबोधित है और हृदय द्वारा समझे जाने में सक्षम है।"

स्मृति में निश्चय–
आत्मिक परिचय,
अन्त्यज कौन निषाद?
शबरी-कुब्जा–
सब पर उपजा
प्रेम मधुर रस स्वाद।

गीता जीवन को सार्थक करती है। यह शरीर को नहीं, आत्मा को झकझोरती है। शारीरिक बन्ध टूट जाते हैं। आयु, लिंग, पद-प्रतिष्ठा, वर्ण, जाति-विभेद, लोक-लाज आदि देहज धर्म सब एक निमिष में धराशायी हो जाते हैं। शेष रहती है एक आत्मा, जो अजन्मा है, अजर है, अमर है, अविनाशी है। आत्मा के लिए शरीर की उपादेयता एक वस्त्र के सदृश है, जो जीर्ण होने पर एक दिन त्याज्य हो जाता है। गीता का लक्ष्य है आत्मा के धर्म (स्वधर्म) की स्थापना; किन्तु उसका माध्यम है आत्म-जागृति। व्यष्टि से समष्टि निर्मित होती है। गीता न तो ईश्वरीय चमत्कार का दिवा-स्वप्न दिखलाती है, और न प्रकृति के किसी नियम का अतिक्रमण ही करती है। इसलिए शास्त्रकार ने लिखा है– "गीता सुगीता कर्तव्या।" गीता सुगीता करने योग्य है।

योगी जीवन,
सात्विक चिन्तन–
प्रभु का आशीर्वाद।
हम अपनायें
मर्यादाएँ,
तजकर भय-अवसाद।

गीता को सुगीता कैसे करें? नित्य पाठ, श्रवण आदि तो युग-युगान्तर से हमने किया, परन्तु उसके आन्तरिक कोष का हम सुदूर से मात्र अवलोकन ही करते रहे। हमने भाष्य लिखे, परन्तु उसका आभास नहीं किया। गीता की समग्रता का भी हमने खण्ड-खण्ड में विभाजन कर दिया। हमने गीता को भी प्रकारान्तर

से एक दर्शन और बुद्धि-विलास का एक अतिरिक्त साधन मान लिया। विश्व गीता में द्वैत, अद्वैत, संन्यास, ज्ञान, भक्ति, यज्ञ और कर्मकाण्ड का अन्वेषण करता रहा, और फलतः हमारा पोषण अवरूद्ध हो गया।

सर्वप्रथम गीता हमें हमारी सम्पूर्ण अक्षमताओं और दोषों के साथ स्वीकारती है। इसके प्रतिदान में वह कोई मोल नहीं लेती है। माता के सदृश गीता में न तो कोई पूर्वाग्रह है, न कोई प्रतिबन्ध। अपने शरणागत की निमिषमात्र में सम्पूर्ण पापों से मुक्ति की घोषणा ईश्वर ही कर सकता है, जो स्वयं अनघ है, अकलुष है, निष्पाप है, करुणा का अजस्र स्रोत है।

सर्वधर्मान्परित्यज्य मामेकं शरणं व्रज।
अहं त्वां सर्वपापेभ्यो मोक्षयिष्यामि मा शुचः।।18:66।।
(समस्त देहज धर्मों को अर्थात् आयु, लिंग, वर्ण, जाति, पद, सम्मान, प्रतिष्ठा, जन्मगत धर्म, देश आदि को मुझ में त्याग कर तू केवल एक मुझ सर्वशक्तिमान, सर्वाधार परमेश्वर की ही शरण में आ जा। मैं तुझे सम्पूर्ण पापों से मुक्त कर दूँगा; तू शोक मत कर।)

कर्म-वचन-मन–
अपने साधन,
और नियति उत्पाद।
हम हैं कर्ता,
भाग्य-विधाता–
भावी का कलनाद।

गीता हमें कर्म करने की स्वतन्त्रता देती है। और यह कोई सामान्य अवधारणा नहीं है। स्पष्टतया हमारी नियति किसी के भी अधीन नहीं है; न ईश्वर के, न समय के, न प्राणिमात्र के, और न ही प्रकृति के। गीता के अनुसार याचना एक विकार है, भले ही वह याचना ईश्वर के प्रति ही क्यों न हो। अतएव गीता हमें नियति-निर्माता बनाती है, अपने भाग्य को दिशांकित करने के हेतु ज्ञान और

शक्ति देती है। गीता का कर्म सामान्य व्यवसाय नहीं, अपितु कर्मयोग है। कर्मयोग अर्थात् ईश्वरीय श्रेष्ठ स्मृति (योग) में स्थित होकर कर्म करना। कर्मयोग में न तो कर्तापन का अभिमान होता है, न कर्म-फल में आसक्ति। कर्मयोग अर्थात् निमित्त-भाव, कर्तापन का त्याग और कर्म-फल का समर्पण। योगी पुरुष लोक-प्रवृत्ति के हेतु कर्म तो करता है, परन्तु कर्म-फल में उसकी कोई आसक्ति नहीं रहती है। ईश्वरीय स्मृति में रहकर किया गया कर्म ही सत्कर्म है; वह जितना ही "स्वान्तः सुखाय" है, उतना ही "सर्वजन हिताय" भी।

तस्मात्सर्वेषु कालेषु मामनुस्मर युध्य च।
मय्यर्पितमनोबुद्धिर्मामेवैष्यस्यसंशयम्।।8:7।।
(इसलिये तू सब समय में मेरा स्मरण कर और युद्ध (कर्म) भी कर। मेरे में मन और बुद्धि अर्पित करनेवाला तू निस्संदेह मेरे को ही प्राप्त होगा।)

योगस्थः कुरु कर्माणि सङ्गं त्यक्त्वा धनञ्जय।
सिद्ध्यसिद्ध्योः समो भूत्वा समत्वं योग उच्यते।।2:48।।
(हे धनञ्जय ! तू आसक्ति का त्याग करके सिद्धि-असिद्धि में सम होकर योग में स्थित हुआ कर्मों को कर; क्योंकि समत्व ही योग कहा जाता है।)

कर्मण्येवाधिकारस्ते मा फलेषु कदाचन।
मा कर्मफलहेतुर्भूर्मा ते सङ्गोऽस्त्वकर्मणि।।२:47।।
(कर्तव्य-कर्म करने में ही तेरा अधिकार है, फलों में कभी नहीं। अतः तू कर्मफल का हेतु भी मत बन और तेरी अकर्मण्यता में भी आसक्ति न हो।)

कर्मजं बुद्धियुक्ता हि फलं त्यक्त्वा मनीषिणः।
जन्मबन्धविनिर्मुक्ताः पदं गच्छन्त्यनामयम्।।2:51।।

(समतायुक्त मनीषी साधक कर्मजन्य फल का त्याग करके जन्मरूप बन्धन से मुक्त होकर निर्विकार पद को प्राप्त हो जाते हैं।)

गीता के अनुसार **"कृपणाः फलहेतवः।"** (2:49) अर्थात् फल का हेतु बननेवाले अतीव दीन हैं। सम्प्रति समस्त संसार की यही अवस्था है; न संतुष्टि है, न आनन्द है। महात्मा गाँधी के शब्दों में, "जो व्यक्ति सदैव परिणाम के विषय में सोचता रहता है, वह बहुधा अपने कर्तव्य के पालन में साहस खो देता है। वह अधीर हो जाता है और फिर क्रोध प्रकट करके अयोग्य कार्य करने लगता है। वह एक कार्य से दूसरे कार्य की ओर छलांग लगाता है और कभी भी किसी के प्रति निष्ठावान नहीं रहता। वह जो परिणामों की चिंता करता है, वह इन्द्रियों के विषयों में समर्पित मनुष्य के समान है; वह निरन्तर विचलित रहता है। जो कर्म छोड़ देता है, उसका पतन हो जाता है। जो त्याग करता है, उसका ही फल ऊपर उठता है। परन्तु फल के त्याग का अर्थ फल के प्रति उदासीनता नहीं है। प्रत्येक कार्य के सम्बन्ध में व्यक्ति को अपेक्षित परिणाम, उसके साधन और उसके लिए क्षमता का ज्ञान होना चाहिए। वह, जो इस प्रकार सुसज्जित होने पर भी फल की इच्छा से रहित है, और योगयुक्त स्थिति में कर्म-निरत है, वही कर्म-फल त्यागी है।"

पुनश्च, सृष्टि-नियन्ता होने पर भी ईश्वर हमारे कर्म-फल से सदा असंग और उदासीन है। वह न श्रेष्ठ कर्म के लिए पुरस्कार देता है, और न निकृष्ट कर्म के हेतु दण्ड। ईश्वर ने विवेक के चक्षु प्रदान कर मनुष्य को कर्म-अकर्म-विकर्म की गुह्य गति का परिचय दिया है, तो कर्म-बन्धन से मुक्ति के उपाय भी निर्दिष्ट किये हैं। परन्तु ईश्वर हमें कर्म करने के लिए बाध्य नहीं करता है। वह साक्षी है, निर्विकार है, निरहंकार है।

चेतसा सर्वकर्माणि मयि संन्यस्य मत्परः।
बुद्धियोगमुपाश्रित्य मच्चित्तः सततं भव।।18.57।।
(चित्तसे सम्पूर्ण कर्म मुझमें अर्पण करके, मेरे परायण होकर तथा समता का आश्रय लेकर निरन्तर मुझमें चित्तवाला हो जा।)

इति ते ज्ञानमाख्यातं गुह्याद्गुह्यतरं मया।
विमृश्यैतदशेषेण यथेच्छसि तथा कुरु।।18.63।।

(यह गुह्य से भी गुह्यतर ज्ञान मैंने तुझे कह दिया। अब तू इस पर अच्छी तरह से विचार करके जैसा चाहता है, वैसा कर।)

ईश्वर के इस भाव में हमारी स्वतन्त्रता के प्रति सम्मान है, हमारे निर्णय के प्रति समादर है, हमारे विवेक पर विश्वास है। उसकी दृष्टि हमारी त्रुटि पर नहीं टिकती; वह सदैव क्षमाशील है। जब मोह नष्ट हो जाता है, संशय छिन्न हो जाते हैं, स्मृति प्राप्त हो जाती है, आत्मा निर्भय हो जाती है, तब अन्तर से यह स्वतः स्फूर्त भाव जाग्रत होता है– **करिष्ये वचनं तव।।18.73।।** (अर्थात् आप जैसा कहते हैं, वैसा करूँगा।)

अस्तु!

भवदीय
(राजीव कुमार दुबे)

महाशिवरात्रि, 8 मार्च 2024
वाराणसी (भारत)

ईश्वर प्रणिधान

योगेश्वर सम्मुख जहाँ,
जहाँ धनुर्धर पार्थ!
विजय-विभूति, नीति अचल,
श्री – सब हैं चरितार्थ।

श्रीमद्भगवद्गीता (18:78)

सन्देश

गीता सुगीता कर्तव्या–
कुछ न शास्त्र-विस्तार में!
वाणी मधुर हो, मन निर्मल,
सत्य कर्म-व्यवहार में।1

विस्मृत हुआ आत्मिक परिचय,
खोकर दैहिक भान में।
खण्डित है एकता अपनी
धर्म-ग्लानि, अज्ञान में।
उठो अर्जुन! गाण्डीव धरो,
ईश्वर हैं अवतार में।
गीता सुगीता कर्तव्या–
कुछ न शास्त्र-विस्तार में!2

भारत की धरा है पावन,
श्रीकृष्ण और राम की।
जननी जन्मभूमि हमारी
पावन गोकुल ग्राम की–
रावण से स्वतन्त्र करें हम,
ले स्वराज्य अधिकार में।
गीता सुगीता कर्तव्या–
कुछ न शास्त्र-विस्तार में!3

संस्कार से ही परिवर्तन
होगा देश, समाज का—
गीता से साकार होगा
स्वप्न राम के राज का।
कर्मयोगी बन ढलते हम
युक्ताहार-विहार में।
गीता सुगीता कर्तव्या—
कुछ न शास्त्र-विस्तार में!4

गीता सुगीता कर्तव्या

गीता सुगीता कर्तव्या–
ईश्वर का दिव्य प्रसाद है।
अर्जुन के अन्तःकरण के
हरती यह शोक-विषाद है।1

मेधा जब भ्रमित हो जाती
जीवन-रण के व्यामोह में,
स्थिर नहीं प्रज्ञा रह पाती
आरोह और अवरोह में।2

प्रत्येक पल जीवन का जब
लगता जैसे संग्राम है–
सारथी बनकर पथ प्रशस्त
करता ईश्वर अविराम है।3

गीता नहीं ग्रन्थमात्र है,
ईश्वर की सौगन्ध है–
"जब-जब धर्म-ग्लानि होती,
बढ़ता अधर्म का बन्ध है।4

साधु का परित्राण करता,
मैं दुष्कृत का संहार हूँ।
धर्म-संस्थापन के हित मैं
लेता तब-तब अवतार हूँ।"5

एक पार्थ से नहीं, परन्तु
हम सबके ही सहयोग से,
आयेगा भारत में कृतयुग
गीता-ज्ञान और योग से।6

मुख से पठन, श्रवण श्रोत्र से–
करते आये चिर काल से।
ज्ञान आचरण में ढल जाये–
प्रण लें हम यह तत्काल से।7

दुःख-सुख, अपमान-मान में,
सिद्धि-असिद्धि में समत्व हो।
कर्म करें योगस्थ हो कर–
नहीं द्वेष हो, न ममत्व हो।8

सर्व देहज धर्म त्याग हम,
तज कर्म-फल को, विदेह हो–
नष्टो मोहः, स्मृतिर्लब्धा–
कर्म करें गतसन्देह हो।9

उपक्रमणिका

प्रथम अध्याय: अर्जुनविषाद योग 1

द्वितीय अध्याय: सांख्य योग 10

तृतीय अध्याय: कर्म योग 23

चतुर्थ अध्याय: ज्ञान-कर्मसंन्यासयोग 31

पंचम अध्याय: कर्मसंन्यास योग 39

षष्ठम अध्याय: आत्मसंयम योग 45

सप्तम अध्याय: ज्ञानविज्ञान योग 54

अष्टम अध्याय: अक्षरब्रह्म योग 60

नवम अध्याय: राजविद्या राजगुह्य योग 65

दशम अध्याय: विभूति योग 71

एकादश अध्याय: विश्वरूप दर्शन योग 79

द्वादश अध्याय: भक्ति योग 89

त्रयोदश अध्याय:क्षेत्रक्षेत्रज्ञविभाग योग 93

चतुर्दश अध्याय: गुणत्रयविभाग योग 100

पंचदश अध्याय: पुरुषोत्तम योग 105

षोडश अध्याय: दैवासुर संपद्विभाग योग 109

सप्तदश अध्याय: श्रद्धात्रयविभाग योग 113

अष्टादश अध्याय: मोक्षसंन्यास योग 118

श्रीमद्भगवद्गीता (मूल संस्कृत; अध्याय 1-18) 131

1

प्रथम अध्याय

अर्जुनविषाद योग

धृतराष्ट्र उवाच
कुरुक्षेत्र की धर्म-भूमि पर,
समवेत समर के हित तत्पर
पाण्डव, मेरे शत पुत्र प्रवर–
संजय! वह वृत्त कहो सत्वर।1

संजय उवाच
पाण्डव-दल का व्यूह-नियोजन
देख प्रभावित हो दुर्योधन-
गुरु द्रोण के वह पहुँचा निकट,
बोले उसने ये वचन प्रकट।2

"द्रुपद-पुत्र तव शिष्य प्रशिक्षित–
धृष्टद्युम्न के द्वारा विरचित,
सम्मुख जो व्यूहाकार खड़ी,
है पाण्डव-सेना बहुत बड़ी।3

अर्जुन-भीम सदृश इस रण में,
शूर, धनुर्धर, योद्धा-गण में–
हैं सात्यकि और विराट-द्रुपद,
महारथी, सब युद्ध-विशारद।4

धृष्टकेतु, चेकितान, पुरुजित,
कुन्तिभोज, काशीराज सहित,
क्षत्रिय शैव्य सदृश नर-पुंगव,
पाण्डव-सेना के सब गौरव।5

द्रौपदी के सुत पाँच सभी,
अभिमन्यु सुभद्रा-नन्दन भी,
वीर युधामन्यु, उत्तमौजा,
विशालकाय है सैन्य-सज्जा।6

ये जो विशिष्ट वीर हमारे,
पक्ष में अपने हैं पधारे,
मेरी सेना के अधिनायक–
शौर्य अमित जिनका परिचायक।7

हैं आप स्वयं, भीष्म पितामह,
आचार्य कृपा अति दुर्निग्रह।
वीर विकर्ण-भूरिश्रवा सम,
हैं अश्वत्थामा-कर्ण विषम।8

योद्धा बहु-विधि शस्त्र-अलंकृत,
जीवन की आशा कर विस्मृत,
मेरे अर्थ समर को आतुर–
युद्ध-विधा में सब निपुण-चतुर।9

भीष्म पितामह से अभिरक्षित
शक्ति अजेय हमारी है नित।
सुगमता से होगा पराजित,
पाण्डव-दल अर्जुन-भीम सहित।10

अतएव सभी समर-पटल पर,
जो स्थान नियत है, स्थित रह कर–
अधिनायक भीष्म सुरक्षा-हित
सब सफल उपाय करें विस्तृत।"11

वृद्ध पितामह ने तदनन्तर,
सिंह के समान गर्जना भर,
शंखनाद अति गम्भीर किया–
अरि-दल को पुनः अधीर किया।12

तब ढोल-मृदंग, नृसिंहादिक,
बजते वाद्य विविध प्रामाणिक।
शंख-नगाड़े का समवेत स्वर–
भरता रण में शब्द भयंकर।13

रथ श्वेत हय से युक्त अभिनव,
जिस पर स्थित अर्जुन-माधव–
दोनों ने दिव्य शंख-ध्वनि की,
गुंजित अम्बर और अवनि की।14

पाञ्चजन्य श्रीकृष्ण ने, देवदत्त कौन्तेय;
शंख बजाया भीम ने पौंड्र पुनीत अजेय।15

रानी कुन्ती के ज्येष्ठ तनय
युधिष्ठिर का रव अनन्तविजय,
नकुल-सहदेव के दो रोचक
शंख सुघोष तथा मणिपुष्पक।16

काशीराज धनुर्धर उत्तम,
शूर विराट-शिखण्डी के सम,
धृष्टद्युम्न महारथी निश्चित,
सेनानी सात्यकि अपराजित।17

द्रुपद तथा द्रौपदी-सुत सभी,
सुभद्रा-नन्दन अभिमन्यु भी,
भिन्न-भिन्न नरपति जो आये–
भाँति-भाँति के शंख बजाये।18

गुंजित हुए गगन और धरा–
शंखनाद-तुमुल ऐसा भरा।
रण-घोष का अनुनाद सुनकर
हतप्रभ हुए कुरु-कुल के नर।19

तदनन्तर समर में व्यवस्थित
देख कौरव-दल शस्त्र-सज्जित,
हृषिकेश के प्रति अनुगत हुआ,
कपिध्वज अर्जुन उद्यत हुआ।20

गाण्डीव का सन्धान कर के,
अर्जुन ने कहा ध्यान धर के।
अर्जुन उवाच
उभय सेना के मध्य, अच्युत!
रथ शीघ्र करें मेरा प्रस्तुत।21

मैं भी कर लूँ तनिक निरीक्षण–
करना किनके संग मुझे रण!
वीर करूँ चयनित रिपु-दल में,
जो सयोग्य हो रण-कौशल में।22

दुर्बुद्धि हितैषी कुरु-कुल के,
प्रतिपक्षी राजा मिल-जुल के,
एकत्र सुयोधन के दल में–
देखूँ, उनको भी इस पल में।23

संजय उवाच
अर्जुन के ऐसे आग्रह पर
सारथि केशव ने रथ लाकर
सेना के मध्य किया स्थापित–
कुरु-सेना को कर परिलक्षित।24

बोले कृष्ण वचन अति निर्मल–
"रण के हेतु समागत कुरु-दल,
द्रोण-पितामह, सब नृपति प्रमुख,
हे पार्थ! तुम्हारे हैं सम्मुख।"25

रण के हेतु समागत निज कुल–
बन्धु, पितृव्य, पितामह, मातुल,
श्वशुर, सुहृद, पुत्र-प्रपुत्र, सखा
भ्राता, आचार्य – यही देखा।26

निरख उपस्थित बन्धु-स्वजन सब,
करुणा से विह्वल अर्जुन तब–
नीति-न्याय के मध्य विखण्डित,
प्रतिफल रण का सोच सशंकित।27

युद्ध की दुर्भावना से युत,
देख कुटुम्ब समर को प्रस्तुत,
वचन कहे होकर शोकातुर–
"हतभाग्य! नियति कितनी निष्ठुर।28

हैं शुष्क अधर, आँखें धूमिल,
होते हैं मेरे अंग शिथिल।
काया में कम्पन और पुलक–
यह दृश्य बहुत पीड़ादायक।29

त्वचा जलती, हस्त से है सरक रहा गाण्डीव।
अस्थिर होता गात्र है, मन दिग्भ्रमित अतीव।30

हो रहे हैं सारे अपशकुन,
है मन में भारी उधेड़-बुन।
लक्षण दिखते विपरीत सभी,
शुभ है न युद्ध में जीत अभी।31

मुझको न कभी चाह विजय की,
राज्य-विलय या सुख-संचय की!
सुख-भोग, न राज्य-प्रयोजन से–
कुछ लाभ न ऐसे जीवन से।32

सुख-भोग नगर या ग्राम्य हमें,
जिनके हित सारे काम्य हमें–
त्याग स्वजन वह धन-जीवन,
उद्यत करने को प्राण-हनन।33

गुरुजन, पितर, पितामह, मातुल,
पुत्र-प्रपुत्र, श्वशुर, सारा कुल–
इनमें कुछ हैं पूज्य हमारे,
और कई आँखों के तारे।34

प्रतिरक्षा के भी हेतु नहीं,
चाह विजय का केतु नहीं,
त्रैलोक्य-विभूति मिले, तब भी–
शस्त्र उठाऊँगा मैं न कभी।35

दुर्योधन आदि सभी बान्धव–
इनके वध से कैसा गौरव!
हैं कौरव क्रूर, नृशंस सही,
वध तो इनका है पातक ही।36

अतएव नहीं हम अधिकारी,
बान्धव-वध पाप बहुत भारी।
कुल-हत्या से हो जग-निन्दित,
कैसे होंगे हम आनन्दित?37

बुद्धि प्रलोभन के वश अपहृत,
दुर्योधन है मन से कुंठित।
कुल का नाश न घात स्वजन से–
पाप समझता वह कुछ मन से।38

दोष जनित जो कुल के क्षय से,
ज्ञान हमें उनका निश्चय से।
हम दोष-निवारण क्यों न करें,
निज मस्तक पर क्यों पाप धरें?39

होता कुल के क्षय से निश्चित
कुल-धर्म सनातन है खण्डित।
जब-जब होता धर्म तिरोहित–
कुल में होता पाप समाहित।40

अत्यधिक अधर्म-प्रसारण से,
सारे कुल में जिस कारण से–
उत्पन्न वर्णसंकर होते,
जो कुल का पाप सदा ढोते।41

करता नरक की ओर उन्मुख
संकर हरकर कुल के सब सुख।
श्राद्ध तथा तर्पण से वंचित
होते हैं पुनरपि पितर पतित।42

ये दोष वर्णसंकर-कारक,
उनके हित हैं जो कुल-घातक–
धर्म मनुज का क्षय करते हैं,
कुल-धर्म सनातन हरते हैं।43

जिनका कुल-धर्म विनष्ट हुआ,
बहु-काल नरक में कष्ट हुआ–
ऐसी ही जनश्रुति है प्रचलित,
मानव करता है आप अहित।44

स्वजन-वध हेतु उद्यत, मनुज यह बुद्धिमान,
सुख-सत्ता के लोभवश, करता पाप महान।45

मुझ शस्त्र-रहित का यदि वध कर,
रिपु-दल पाता सुख जी-भर कर–
यह मरना भी होगा हितकर,
यह मृत्यु मुझे है श्रेयस्कर।"46

रण में अर्जुन विश्व-विजेता,
गाण्डीव तज, उद्विग्न-चेता,
ऐसा कह, बैठ गया रथ पर–
मृदु पुष्प कमल का मुरझाकर।47

2

द्वितीय अध्याय

सांख्य योग

संजय उवाच

अश्रु-पूर्ण, व्याकुल नयन, चिन्तामय मुख म्लान।
शोकाकुल कौन्तेय से, बोले श्री भगवान।1

श्री भगवानुवाच

इस असमय में व्यामोह तुझे
है प्राप्त हुआ किस कारण से?
कर्म अनार्य, न कीर्ति, न दिव
जो तज गाण्डीव फिरे रण से।2

प्राप्त नपुंसकता को मत हो,
हे पार्थ! तुझे यह उचित नहीं।
रण-हेतु उठो, तज दुर्बलता,
निज हृदय करो संकुचित नहीं।3

अर्जुन उवाच

रण में आचार्य-पितामह का
किस रीति भला अपने शर से
प्रतिरोध करूँ, हे मधुसूदन!
वे पूज्य, पला उनके वर से।4

अर्थ-काम इस लोक में, रक्तांकित सब भोग।
भिक्षाटन स्वीकार्य है, न कि गुरुघ्न अभियोग।5

युद्ध करें या न करें–इनमें
क्या श्रेष्ठ विकल्प चुनाव करें!
होगी हार कि हम जीतेंगे–
अब से ही क्या प्रस्ताव करें!6(i)

जिनका वध कर, इस जीवन का
पल-भर हमको न मनोरथ है–
शतश: धृतराष्ट्र-सुवन, रण में
गुरु द्रोण, पितामह का रथ है।6(ii)

कायरता का दोष कहूँ मैं
या धर्म-विमूढ विकार कहूँ?
साधन जो हितकर, शीघ्र कहो–
आजीवन उस अनुसार रहूँ।7

भूमि अखण्ड, राज्य-विभव या दैवी अधिकार–
भौतिक सुख में है नही, चित्त-वृत्ति उपचार।8

संजय उवाच
परम तपस्वी, निद्रा-विजयी
अर्जुन ने तब दृढ़ निश्चय कर,
"हे गोविंद! नहीं युद्ध करूँगा"–
मौन हुए बस इतना कहकर।9

हे धृतराष्ट्र भरतवंशी! तब
उभय चमू के मध्य उपस्थित–
शोकाकुल अर्जुन से बोले,
अन्तर्यामी प्रभु हो सस्मित।10

श्री भगवानुवाच
शोक न करने योग्य मनुज जो,
शोक न उनके हेतु तनिक कर।
प्राण गये अथवा न गये हों–
विज्ञ न करते शोक क्षणिक भर।11

मैं न था, तुम न रहे हो– ऐसा हुआ न काल।
पूर्व थे, सदा रहेंगे, तुम, मैं और नृपाल।12

बचपन, यौवन और जरा–जिस
रीति अवस्था होती तन की।
होता है प्राप्त शरीर नया–
बात न इसमें मोह-रुदन की।13

शीत-निदाघ तथा सुख-विपदा–
इन्द्रिय और विषय–संयोजित।
भंगुर ये, सहन कर इनको,
है उत्पत्ति-विनाश समाहित।14

व्यथित नहीं करते जिनको हैं
इन्द्रिय और विषय संयोजन,
सुख-दुःख समान समझता है–
प्राप्त उसे ही मुक्ति चिरन्तन।15

न है असत्य की सत्ता, न सच का है अभाव।
विज्ञानी इस रूप से करें तत्त्व-प्रस्ताव।16

अविनाशी तू जान उसे, जिस
बल से है व्याप्त जगत सारा।
उस अव्यय का तो नाश नहीं
सम्भव है किसके भी द्वारा।17

नाशरहित और नित्य-स्वरूप
अपरिमेय जीवात्मा का हर
देह विनाशी ही वर्णित है।
इस कारण भारत! तू रण कर।18

हन्तार समझता जो इसको
या जो इसको कहता है मृत–
दोनों हैं अनजान, न आत्मा
मरती है या होती न वधित।19

न लेती है जन्म-मरण, या होती उद्भूत।
सनातन, नित्य-पुरातन, अज आत्मा आहूत।20

नित्य, अजन्मा, अव्यय, अक्षर–
यह ज्ञान जिसे है देही का।
वह किसका अपघात करे, या
कुछ भेद करे रिपु-स्नेही का!21

वस्त्र नया नर धारण करता
जैसे जीर्ण वसन को तजकर–
देह नया लेती है आत्मा
छोड़ शरीर जरा से जर्जर।22

शस्त्र न विच्छेदन कर सकते,
पावक इसको करता न दहन।
नीर नहीं करता आर्द्र इसे
या शुष्क न करता तीव्र पवन।23

अछेद्य और अदाह्य है, अशोष्य और अक्लेद्य–
नित्य, अचल, सनातन इति आत्म-बोध संवेद्य।24

अव्यक्त, अचिन्त्य, विकार-रहित–
जीवात्मा का गुण वर्णित है।
इस रीति समझकर देही को
सन्देह तुम्हारा अनुचित है।25

यदि आत्मा नित जन्म-मरण में
आती है–तेरा अभिमत है।
तदपि महाबाहु! तुम्हारा यह
शोक न क्षत्रिय-कुल सम्मत है।26

उद्भव के ही संग नियत है
मृत्यु, मृतक का जन्म नियत–
है नियम अपरिहार्य प्रकृति का
अतएव न शोक उचित भारत!27

आदि में अव्यक्त सभी, व्यक्त सृष्टि के मध्य।
अन्त में अव्यक्त पुनः, आत्मा अजर-अवध्य।28

विस्मयपूर्वक देखे कोई,
हो कोई चकित करे वर्णन,
कौतुक से कोई अन्य सुने–
किन्तु न जान सका कोई जन।29

यह देही नित्य अवध्य समझ
समुपस्थित जो सबके तन में–
जीव सभी के हेतु न कर तू
शोक तनिक भी अपने मन में।30

निज धर्म स्मरण कर के भी तुम
भय करने के हो योग्य नहीं।
क्षत्रिय-हेतु न रण से बढ़कर
है न्याय-विहित कर्तव्य कहीं।31

मनवांछित यह युद्ध है, खुला स्वर्ग का द्वार।
मिलता है सौभाग्यवश क्षत्रिय को अधिकार।32

इस धर्म-विहित रण से यदि तू
अब विलग स्वयं को करता है–
कीर्ति-स्वधर्म लुटा, पातक का
भागी बनना कायरता है।33

अपकीर्ति रखेगा स्मरण जगत
चिरकाल करेगा गायन भी।
सम्मानित के हेतु मरण से
बढ़ अपयश का जीवन भी।34

भय के कारण तू युद्ध-विरत–
ऐसा महारथी मानेंगे।
थे करते सम्मान वही कल,
अब इसमें लघुता जानेंगे।35

न कहने के योग्य वचन, निंदनीय अति हेय।
वैरी तुझको कहेंगे, पौरुष को कर ध्येय।36

रण में हत हो स्वर्ग मिलेगा,
राज्य-विभव पश्चात विजय के।
अतएव उठो हे पार्थ! बढ़ो
त्याग विचार सभी संशय के।37

सुख-दुःख, पराजय-जय रण में,
क्षति या लाभ समान समझकर–
प्रस्तुत हो कौन्तेय! समर को,
पाप न होगा, तू शोक न कर।38

मैंने यह सांख्य-विवेक तुझे
समझाया है विस्तार-सहित।
अब योग-विषय में सुन, कार्मिक
बन्ध सकल हो जाते खण्डित।39

न प्रयत्न का नाश कभी, या प्रभाव प्रतिकूल।
अल्प योग-अभ्यास भी भय करता निर्मूल।40

योग-पथिक की मति है होती
निश्चयबुद्धि, अद्वैत निरन्तर।
अविवेकी मति द्वैत, सशंकित
शाखायुक्त, पराश्रित, निर्भर। 41

सुरभि-विहीन वचन अविवेकी
कृत्रिम पुष्प सदृश कहते हैं–
"इससे श्रेष्ठ नहीं कुछ" कहकर–
वेद-विवाद-निरत रहते हैं।42

इच्छा में आसक्त,परम सुख
स्वर्ग-विभव को ही बतलाते।
भोग तथा ऐश्वर्य प्रलोभन
दे बहु विधि के कर्म कराते।43

भोग-विलास निमग्न जो, अपहृत जिनका चित्त–
नित्य सशंकित बुद्धि वह जो अज्ञानी आवृत्त।44

त्रिगुणात्मक भोग-विषय का ही
करते हैं सब वेद समर्थन।
तू निर्द्वन्द्व, स्वतन्त्र, विरागी,
त्रिगुणातीत, निर्योगक्षेम बन।45

परिपूर्ण जलाशय मिलने से
जलकूप सभी हैं अर्थरहित–
हैं मात्र प्रयोजन उतना ही
सब वेदों में रखते पण्डित।46

बस कर्म प्रयोजन हो तेरा
फल में तेरा अनुराग न हो।
फल मात्र न तेरा हेतु बने,
जीवन में कर्म-विराग न हो।47

कर्म करो योगस्थ हो, तज फल का संयोग।
सिद्धि-असिद्धि समान हो, यह समत्व है योग।48

हैं कर्म निकृष्ट सकाम तथा
फल के इच्छुक जन दीन-कृपण।
है बुद्धि समत्व वरीय, अतः
उसकी ही तू कर प्राप्त शरण।49

समबुद्धि पुरुष हो जाता है
मुक्त सुकृत-दुष्कृत से जग में।
अतएव समत्व तपस्वी बन–
कर्म-कुशलता योग सुभग में।50

जब समबुद्धि मनीषी सारे
कर्मजनित फल तज जाते हैं–
इस जन्म-मरण के बन्धन से
हो मुक्त परम पद पाते हैं।51

मोह-कलिल को बुद्धि जब तेरी करेगी पार।
श्रुत-श्रोतव्य से विराग तब होगा अधिकार।52

सुन वेद-विहित ये वचन कई
है बुद्धि हुई तेरी विचलित।
स्थिर और अचल मति तब होगी
ईश्वर की स्मृति में जब हो स्थित।53

अर्जुन उवाच
परमात्म-समाधि-निरत है जो
स्थितप्रज्ञ मनुज के क्या लक्षण?
कैसी है भाषा, क्या आसन,
वह धरता है किस रीति चरण?54

श्री भगवानुवाच
जिस काल समस्त स्पृहा मन की
त्याग पुरुष विधिपूर्वक देता,
आत्मिक तुष्टि स्वयं से जिसको–
स्थितप्रज्ञ पुरुष, वह स्थिरचेता।55

दुःख में उद्विग्न न हो, सुख में हो उपराम।
क्रोध-राग-भयमुक्त मुनि स्थितप्रज्ञ निष्काम।56

सर्वत्र अनासक्त पुरुष जो
फल अशुभ तथा शुभ पाकर–
विद्वेष न हर्ष करे, उसकी
प्रज्ञा को कहते हैं स्थावर।57

जिस रीति समेट लिया करता
है कूर्म स्वयं के अंग सहज।
स्थिरबुद्धि विलग करता इन्द्रिय
से विषय का संग सहज।58

यत्न वृथा इन्द्रिय-निग्रह का,
हठपूर्वक हो दूर व्यसन से–
जब तक आसक्ति-निवृत्ति न हो।
मिटता राग परम-दर्शन से।59

यत्नशील विद्वान की, इन्द्रियाँ प्रमथनरूप।
बलपूर्वक मन का हरण करती हैं विद्रूप।60

सर्व इन्द्रियों पर रख संयम,
मुझमें कर दो बुद्धि समाहित।
जिसकी इन्द्रियाँ वश में सदा,
उसकी ही है बुद्धि प्रतिष्ठित।61

भोग-विषय-चिन्तन करने से,
उनमें आसक्त पुरुष होता।
आसक्ति से काम, तदनन्तर
काम-जनित है क्रोध उपजता।62

सम्मोह-जनक है क्रोध, तथा
है मोह सदा करता स्मृति-भ्रम।
स्मृति-भ्रम से बुद्धि-विनाश त्वरित,
होती तब गति प्राप्त अधम।63

आत्म-संयमी पुरुष भय-राग-द्वेष-स्वच्छन्द।
इन्द्रिय-विषय-नियोग से पाता परमानन्द।64

आनन्द हृदय में भरते ही
दुःख सभी होते उन्मूलित।
चित्त-प्रसाद जिसे है मिलता
स्थितप्रज्ञ, न होता विचलित।65

जिसका मन है इन्द्रिय-वश में,
अस्थिर बुद्धि, न भाव हृदय में—
भाव-विहीन अशान्त पुरुष को
सुख कैसा, है जो संशय में!66

जल में नाव पवन की गति से
जैसे विचलित हो जाती है—
ऐन्द्रिय सुख के पर-चिन्तन से
प्रज्ञा अपहृत हो जाती है।67

इन्द्रिय-निग्रह सर्वथा, त्याग विषय का संग।
बुद्धि प्रतिष्ठित है वही, नहीं मोह का रंग।68

जब परमात्म-विमुख प्राणी सब—
वह रात्रि, दिवा है जागृति की।
भोग क्षणिक के हेतु जगे जग—
वह दिवस, निशा है स्थिरमति की।69

सरिता का धार समाकर भी
रहता स्थिर, परिपूर्ण, प्रतिष्ठित—
जलधि सदृश स्थितप्रज्ञ पुरुष वह
शान्ति परम को पाता है नित।70

इच्छा त्याग विचरता निःस्पृह,
निर्मम, निरहंकार मनुज है—
शान्ति उसे मिलती, रहता जो
पंक-विषय में हो सरसिज है।71

मोह न रहता कर प्राप्त जिसे,
हे पार्थ! यही ब्राह्मी स्थिति है—
अन्त समय में स्थित हो योगी
चिर करता प्राप्त परम-गति है।72

3

तृतीय अध्याय

कर्म योग

अर्जुन उवाच
कर्म नहीं, यदि ज्ञान परम है–
सच में ऐसा है मान्य जनार्दन!
क्यों कर्म भयंकर में मेरा
केशव! करते आप नियोजन।1

मिश्रित वचन सुनाकर मुझको
करते हो मानो आप भ्रमित!
श्रेयस्कर मन्तव्य मुझे दें,
जिसमें हो मेरा हित निश्चित।2

श्री भगवानुवाच
मैंने ही हैं दो निष्ठाएँ
प्राचीन समय में वर्णन की–
सांख्ययोग की ज्ञानयोग से,
कर्मयोग से योगी-जन की।3

निष्कर्मता अप्राप्य है बिना कर्म-आयास।
सिद्ध न होता ज्ञान, कर मात्र कर्म-संन्यास।4

कोई पुरुष नहीं कर्म-बिना
पल-मात्र कहीं रह सकता है।
प्रकृति-जनित गुण से परवश हो
मानव कर्म सभी करता है।5

इन्द्रिय-निग्रह हठपूर्वक कर,
जो विषय-स्मरण करता मन से–
वह मूढ़ पुरुष है कहलाता
मिथ्याचारी निज चिंतन से। 6

किन्तु अनासक्त पुरुष मन से
सभी इन्द्रियों को वश में कर–
हे अर्जुन! है श्रेष्ठ वही जो
कर्मयोग में निरत निरन्तर।7

कर निर्धारित कर्म तू, तज अकर्म की राह।
निष्क्रिय होने से नहीं सम्भव तन-निर्वाह।8

यज्ञ-विहित नर कर्म न कर,
बँधता कर्म-जनित बन्धन में।
आसक्ति-रहित कर्म तुम्हारा
अर्जुन! हो यज्ञ-प्रयोजन में।9

सृष्टि प्रजा की यज्ञ-सहित कर
ब्रह्मा ने ये वचन उचारे–
"यज्ञ तुम्हारी वृद्धि करेगा,
पूर्ण मनोरथ होंगे सारे।10

यज्ञ-प्रयोजन से देव सभी
उन्नति पायें, नर हो उन्मुख।
सहयोग परस्पर से होगा
कल्याण, मिलेगा तुमको सुख।"11

देते वांछित भोग हैं यज्ञ-समुन्नत देव।
चौर्य-वृत्ति अर्पण-बिना ग्रहण करे स्वयमेव।12

यज्ञ-विहित जो अन्न, सुधी जन
होते पाप-विमुक्त ग्रहण कर।
दूषित है वह अन्न, प्रयोजन
जिसका है तन का पोषण-भर।13

सब प्राणी व्युत्पन्न अन्न से,
होता अन्न वृष्टि से सम्भव।
वृष्टि होती यज्ञ के द्वारा,
कर्म से ही यज्ञ का उद्भव।14

तू कर्म का उद्भव ज्ञान समझ,
है ईश्वर से ज्ञान प्रकाशित।
अतएव स्वयं अक्षर ईश्वर
रहता है नित यज्ञ-प्रतिष्ठित।15

लोक-प्रवर्तित चक्र के कर्म करे प्रतिकूल,
इन्द्रिय-निरत अघायु का जीवन नष्ट समूल।16

जो आत्म-परायण मानव है,
संतृप्त सदा, सन्तुष्ट सतत—
उसके हेतु न कार्य-प्रयोजन,
निर्बन्धन वह जो आत्म-निरत।17

हो कर्म अकारण, स्वार्थ-रहित,
और न कर्म न करने का हो कारण।
कृत और अकृत का न प्रयोजन—
वह योगी निराश्रय, हीनशरण।18

आसक्ति-रहित हो कर्तव्य करो,
अर्जुन! तुम अतएव निरन्तर।
कर्म अनासक्त सदा जिसके—
पद करता वह प्राप्त परात्पर।19

कर कर्म जनक-सम सुधी पाते सिद्धि विशिष्ट।
लोक-संग्रह को विलोक कर तू कर्म अभीष्ट।20

जो करते कर्म महानायक,
वैसा करते साधारण जन।
आदर्श-प्रमाण जगत करता
श्रेष्ठ पुरुष का है अनुवर्तन।21

कुछ वस्तु अप्राप्त नहीं मुझको
है सारे ही जग में किंचित।
कर्तव्य न कोई त्रिभुवन में,
पार्थ! तदपि मैं कर्म-निरत नित।22

निज कर्म अतन्द्रित होकर मैं
अर्जुन! न करूँ यदि सम्पादित–
मेरा ही पथ सारे मानव
करते जीवन में अनुवर्तित।23

यदि न करूँ मैं कर्म तो लोक निखिल हो भ्रष्ट–
संकरता का हेतु बन करूँ प्रजा को नष्ट।24

अज्ञानी जन आसक्ति-सहित
रहते हैं जैसे कर्म निरत।
पुरुष अनासक्त विवेकी का
रहता लोकोचित कर्म सतत।25

कर्मासक्त पुरुष की मति को
ज्ञानी मत और करे भ्रमित–
कर युक्त समाचरण, करे वह
उनको भी शुभ कर्म-नियोजित।26

होते जो भी कर्म, प्रकृति के
तीन गुणों पर आधारित हैं।
'मैं कर्ता' – यह भाव अहं का
रखते अज्ञानी, मोहित हैं।27

भेद गुण और कर्म का तत्त्व-सहित पहचान–
गुण ही गुण में नियोजित, अनासक्त विद्वान।28

आसक्त नर है गुण-कर्म में
प्रकृति के गुणों से हो मोहित।
उनकी बुद्धि तनिक भी ज्ञानी
किन्तु करे न अकारण विचलित।29

आत्मिक स्मृति में रह हे अर्जुन!
कर्म सभी कर मुझको अर्पण।
आशा-ममता-सन्ताप रहित
होकर तुम युद्ध करो तत्क्षण।30

दोषरहित, श्रद्धायुक्त सदा
जो मानव करते अनुपालन,
मेरे इस अभिमत का नियमित–
कर्म नहीं बनते तब बन्धन।31

मत पर जो चलते नहीं, रख मिथ्या अभिमान।
मोहित मत-मतान्तर में, नष्ट उन्हें तू जान।32

मानव करते हैं कर्म सभी
संस्कार-प्रकृति के परवश हो।
ज्ञानी करता अतएव वही–
कैसा निग्रह, क्या अपयश हो?33

हर इन्द्रिय के निहित विषय में
हैं राग तथा द्वेष अवस्थित–
न वशीभूत उभय का होना,
आत्मा जिनसे होती लुंठित।34

कितना न सुखद परधर्म लगे–
निज धर्म विगुण भी श्रेयस्कर।
परधर्म सदैव भयावह है,
निज धर्म-प्रमाण निधन हितकर।35

अर्जुन उवाच
हे कृष्ण! न चाह कर भी मनुज विवश की रीति–
किस हेतु होकर प्रेरित करता पाप-अनीति?36

श्रीभगवानुवाच
हैं काम-अमर्ष महावैरी,
उत्पन्न रजोगुण के द्वारा।
तृप्त कभी होते न विषय से–
इनसे पाप उपजता सारा।37

अग्नि धुएँ से, दर्पण मल से
भ्रूण उल्ब से प्रत्यक्ष नहीं।
स्पष्ट कभी ज्ञान नहीं होता–
यदि हो काम समक्ष कहीं।38

अग्नि सदृश जो तृप्त न होता,
है शत्रु सदा जो ज्ञानी का–
यह कामरूप अपहृत करता
है ज्ञान देह-अभिमानी का।39

मन-बुद्धि और इन्द्रियाँ– तीन काम के वास।
ढक इनसे ही ज्ञान को, करता स्मृति का ह्रास।40

ज्ञान-विवेक सभी का करता
नाश निमिष में काम अधम यह।
अतएव प्रथम कर इसका वध
हे अर्जुन! कर इन्द्रिय-निग्रह।41

स्थूल शरीर से इन्द्रियों को
कहते हैं श्रेष्ठ, तदपि है मन
उनसे सूक्ष्म; तथा बुद्धि परे
मन से; उत्तम आत्मा चेतन।42

बुद्धि से भी सूक्ष्म आत्मा है,
स्थिर बुद्धि से करो वश में मन।
इस रीति विचार, महाबाहो!
दुर्जय काम रिपु का कर हनन।43

4

चतुर्थ अध्याय

ज्ञान-कर्मसंन्यासयोग

श्री भगवानुवाच
आदि में मैंने ही सूर्य को
यह अविनाशी योग सिखाया।
सूर्य से मनु ने, इक्ष्वाकु ने
इस रीति से यह ज्ञान पाया।1

परम्परा से प्राप्त यह योग
तब सीख सके राजर्षि कई।
कालान्तर में किन्तु, परंतप!
यह विद्या लुप्तप्राय हुई।2

योग पुरातन मेरे द्वारा
तेरे हेतु पुनः परिभाषित।
भक्त-सखा तू मेरा, सुन यह–
इसमें उत्तम भेद समाहित।3

अर्जुन उवाच
सूर्य पुरातन, आपका है यह जन्म नवीन।
सूर्य ने किस भाँति सुना ज्ञान यह समीचीन।4

श्री भगवानुवाच
जन्म अनेक व्यतीत हुए हैं
मेरे अथवा पार्थ! तुम्हारे—
बोध नहीं तुमको है उनका,
ज्ञात मुझे रहते हैं सारे।5

मैं अविनाशी और अजन्मा,
प्राणिमात्र का ईश्वर भी हूँ।
प्रकृति अचल कर योग-विभव से
लेता जन्म मनोहर भी हूँ।6

जब-जब धर्म शिथिल हो जाता,
रहते पाप-अधर्म चरम पर—
होता हूँ अवतरित धरा पर,
तब-तब मैं निज रूप सृजन कर।7

साधु-पुरुष का त्राण, दुष्कृत का संहार—
धर्म-स्थापना हेतु मैं लेता हूँ अवतार।8

जन्म अलौकिक, कर्म अलौकिक—
तत्त्व-सहित यह मेरा परिचय
बोध जिसे है, मुक्त पुरुष वह
करके प्राप्त परम पद अक्षय।9

प्रेम अनन्य जिन्हें है मुझसे,
जो रागरहित, भय-क्रोधरहित,
ज्ञान-दहन से पावन बन कर
मुझको पाते पूर्ण समर्पित।10

जिस रीति समर्पण करते जो,
देता हूँ मैं वैसा प्रतिफल।
हे पार्थ! यथावत करते हैं
अनुसरण मुझे ही सब प्रतिपल।11

मनुज पूजते देव, रख कर्म-सिद्धि का भाव।
पूर्ण त्वरित होते यहाँ कर्मजनित प्रस्ताव।12

कर्म तथा गुण पर आधारित
मेरे द्वारा हैं वर्ण रचित।
सृष्टि-रचयिता होकर भी मैं
नित्य अकर्ता हूँ लोक-विदित।13

कर्म न करते लिप्त मुझे हैं,
और न मुझको फल का आशय–
कर्म न उस नर के हित बन्धन,
इस रीति जिसे मेरा परिचय।14

करते पूर्व में थे मुक्ति-हित
इस बोध से ही कर्म मानव।
अतएव तू कर कर्म अपना
धर पूर्वजों का धर्म-गौरव।15

मर्म न कर्म-अकर्म का, पार्थ! किसी को बोध।
होता कर्म-विवेक से नष्ट अशुभ अवरोध।16

कर्म-अकर्म-विकर्म– जगत में
आवश्यक है कर्म-विवेचन।
बोध यथार्थ न इसका किंचित,
है गति इसकी अत्यन्त गहन।17

जिसके कर्म में अकर्म तथा
अकर्म में है कर्म समाहित–
कर्तव्य-कर्म में तत्पर, वह
योगी, जग में विज्ञ प्रतिष्ठित।18

निष्काम तथा संकल्प-रहित
हो कर्म सदा करता जो नर,
ज्ञान-हुताशन से कर्म हुए
जिसके पावन, वह विप्र-प्रवर।19

कर्मफल में मोह-रहित, निराधार, नित तृप्त–
कर्म-परायण वह पुरुष निर्बन्धन, निर्लिप्त।20

जिसका मन स्थिर, बुद्धि नियंत्रित
तज आशा, सर्वस्व परिग्रह–
दैहिक कर्म न बन्धन बनते,
पाप नहीं होता कुछ संग्रह।21

जो लाभ मिले, परितोष उसी में,
मन में हो द्वन्द्व न द्वेष कहीं,
सिद्धि-असिद्धि सभी में समता–
बन्ध पुनः कोई शेष नहीं।22

नर मुक्त, विदेह, विरागी जो,
मन में जिसके ज्ञान-प्रवाहित,
सेवा-हेतु समर्पित जीवन–
होते उसके कर्म तिरोहित।23

ब्रह्म-कर्म में लीन जो, उसे ब्रह्म गन्तव्य–
ब्रह्म अग्नि में होम है, है स्रुवा और द्रव्य।24

योगी कुछ हैं देव-उपासक–
यज्ञ-स्वरूप समर्पित जीवन।
अन्य कई परमात्म-अनल में
अपना करते सर्वस्व हवन।25

संयम-पावक में श्रोत्र-सहित
करते शुद्ध इन्द्रियाँ सारी।
करते होम इन्द्रिय-अग्नि में
शब्द-समेत विषय अधिकारी।26

इन्द्रिय-कर्म, प्राण-क्रियाएँ–
ज्ञान-प्रदीप्त आत्म-संयम में
अन्य कई योगी करते हैं,
बनते पावन जीवन-क्रम में।27

द्रव्य-तपस्या-योग हैं विविध यज्ञ के रूप–
स्वाध्याय है ज्ञान-यज्ञ, व्रत कठोर तद्रूप।28

होम अपान में करते प्राण,
करते अपान में प्राण हवन–
रुद्ध प्राण-अपान गति करते
योगी प्राणायाम-परायण। 29

प्राणों में करते प्राण हवन
नियत आहार के उपक्रम से।
यज्ञ-विधा के वेत्ता हरते
सब पाप यज्ञ के माध्यम से।30

करता यज्ञ-शिष्ट अमृत ग्रहण
जो, उसके हेतु परम पद है।
यज्ञ न करने से होता है
परलोक न इहलोक सुखद है। 31

इस रीति से यज्ञ विविध वर्णन करते वेद।
कर्म-जनित यज्ञ करते कर्म-बन्ध विच्छेद।32

द्रव्यमय यज्ञ से ज्ञान-यज्ञ
है पार्थ परंतप! श्रेष्ठ-सरल।
होते हैं कर्म अखिल परिणत
ज्ञान-विभव में ही अविरल।33

सविनय प्रश्न तथा सेवा से–
वह ज्ञान समझ श्रद्धापूर्वक।
ज्ञान तुझे उपदिष्ट करेंगे
ज्ञानी, चिन्तक, तत्त्व-विचारक।34

वह ज्ञान समझकर हे पाण्डव!
तू मोह-विवश न पुनः होगा।
आत्म-स्वरूप सभी प्राणी को
तब मुझमें ही तू देखेगा।35

सर्वाधिक यदि पातकी, है तू पाप-विदीर्ण।
ज्ञान-तरणि से पार कर पाप-उदधि उत्तीर्ण।36

कर देता है प्रज्ज्वलित अनल
भस्मीभूत यथा ईंधन को,
करता ज्ञान-हुताशन वैसे
भस्म विकर्म-जनित बन्धन को।37

ज्ञान-सदृश कोई वस्तु नहीं,
जो जग में अतिशय पावन है।
वह ज्ञान स्वयं अनुभव करता
योगी संसिद्ध चिरन्तन है।38

ज्ञान उसे मिलता है, जिसमें
श्रद्धा, संयम और समर्पण।
पाकर ज्ञान, पुरुष को मिलती
परम शान्ति है मन की तत्क्षण।39

नष्ट सशंकित, मूढ़ नर, जो श्रद्धा से हीन।
लोक न परलोक, सुख भी उसके हेतु विलीन।40

कर्म-फल परित्याग योग से,
कर ज्ञान से संछिन्न संशय।
आत्म-स्वरूप पुरुष निर्बन्धन–
सकते कर्म न बाँध, धनन्जय!41

ले ज्ञान-कृपाण हृदय में स्थित
अज्ञानजनित निज संशय का,
होकर योगस्थ, विनाश करो।
पार्थ! उठो, धर ध्यान समय का।42

5

पंचम अध्याय

कर्मसंन्यास योग

अर्जुन उवाच
कर्म-संन्यास, तो योग कभी–
करते हो सबका अनुमोदन।
एक सुनिश्चित पथ श्रेयस्कर
मेरे हेतु कहें मधुसूदन!1

श्री भगवानुवाच
कर्मयोग, संन्यास– उभय हैं
कल्याणप्रद, मंगलकारी।
तदपि कर्म-संन्यास से अधिक
महिमा कर्मयोग की भारी।2

ज्ञेय वही संन्यासी, जो है
इच्छा-द्वेषविहीन निरन्तर।
होता है निर्द्वन्द्व, सुखी वह–
मुक्त सभी बन्धन खण्डित कर।3

संन्यास तथा योग को पृथक्
मूढ़ समझते हैं, न कि पण्डित।
फल द्वितीय का मिलता है, यदि
पुरुष प्रथम में रहे अवस्थित।4

मिलता है जो स्थान सांख्य से,
उस प्राप्ति का योग भी साधन।
सांख्य तथा योग की एकता–
यह दर्शन है यथार्थ दर्शन।5

त्याग कठिन है कर्तापन का,
संन्यास जटिल है योग-रहित।
अर्जुन! प्राप्त परमपद करता
मुनि योगयुक्त निष्काम त्वरित।6

शुद्ध, जितेन्द्रिय, संयत है जो,
जिसकी आत्मिक दृष्टि भुवन में–
योगी कर्मनिरत होकर भी
लिप्त नहीं होता बन्धन में।7

घ्राण, श्वसन, शयन, गमन, भोजन,
अथवा हो दर्शन, स्पर्श, श्रवण–
"कर्म नहीं कुछ मैं करता हूँ"-
तत्त्वज्ञ रखे यह नित्य स्मरण।8

दृग उन्मीलन और निमीलन,
अथवा वाचन, त्याग-ग्रहण हो–
इन्द्रियाँ विषय में बरत रही–
साक्षी की दृष्टि करे धारण।9

आसक्तिरहित होकर करता
जो ईश्वर को कर्म समर्पित—
जल में निर्लिप्त कमल के सम
पाप न उसके होते संचित।10

मन, बुद्धि, शरीर, इन्द्रिय— त्याग संग का भान।
योगी करता कर्म रख आत्म-शुद्धि का ध्यान।11

कर्मफल का त्याग कर योगी
शान्ति चिरस्थायी पाता है।
फल में आसक्त सकाम पुरुष
योगरहित हो बँध जाता है।12

मन से कर्मजनित फल तज कर,
'कर्ता न करण' स्मृति से साधक—
नव द्वार-सहित तन के घर में
संयम से रहता सुखपूर्वक।13

कर्म नहीं, फल-संयोग नहीं,
और न रचना कर्तापन की
ईश्वर करते; संस्कार-सहित
जीव रचना करता जीवन की।14

करता न ग्रहण पाप किसी का,
और न शुभ कर्म कभी ईश्वर।
ज्ञान अविद्या से आच्छादित,
और अविद्या से मोहित नर।15

अज्ञान विनष्ट हुआ जिनका
ज्ञानोदय के द्वारा मन में।
आदित्य-सदृश वह ज्ञान उन्हें
आलोकित करता जीवन में।16

परमात्म-परायण निष्ठा है,
मन-बुद्धि निरत है ईश्वर में–
होती पुनरावृत्ति न उसकी,
वह ज्ञान-विमल, भव-सागर में।17

समदर्शी होता है ज्ञानी–
ब्राह्मण हो अथवा अन्त्यज हो।
युक्त विनय से, विद्या-धन से–
भेद न करता शुनि, गौ, गज हो।18

जीत समस्त जगत लेता वह–
जन्म-मरण को इस जीवन में।
स्थिति ईश्वर-सम दोषरहित–
साम्य-अवस्थित जिसके मन में।19

जो प्रिय को प्राप्त न हो हर्षित,
अप्रिय से नित्य अविचलित हो।
ज्ञानी वह, स्थितप्रज्ञ, असंशय–
रहता ब्रह्म परम में स्थित हो।20

बाह्य विषय से आसक्तिरहित,
अनुभव करता सुख अन्तर में–
योगनिरत वह साधक निश्चित
अक्षय सुख पाता ईश्वर में।21

क्षणिक विषय का भोग है, दुःख मात्र परिणाम।
आदि-अन्त मय जानकर रहता बुध उपराम।22

    काम तथा क्रोध से व्युत्पन्न
    वेग सहन करता, रख संयम
    देह-विसर्जन के पूर्व यहाँ–
    योगी, नित्य सुखी नर सक्षम।23

    करता अन्तर में सुख अनुभव,
    अन्तर में करता नित्य रमण,
    नव ज्योति प्रकाशित अन्तर में–
    वह योगी मुक्त सहज तत्क्षण।24

    जो पापरहित, निर्द्वन्द्व तथा
    हित में रत सर्व चराचर के–
    परिनिर्वाण सुगम पाता ऋषि
    नित स्मृति में स्थित रह ईश्वर के।25

    जीत लिया है जिसने मन को,
    जो हीन अमर्ष-मनोरथ से,
    आत्म-स्वरूप विदित है जिसको–
    मुक्त वही जीवन-परिपथ से।26

    तज बाह्य समस्त विषय-चिन्तन,
    भ्रू-मध्य नयन को केन्द्रित कर–
    नासाभ्यन्तरचारी गति जो
    प्राण-अपान उभय को सम कर।27

इन्द्रिय, बुद्धि तथा मन रखता
संयम में मुनि मुक्ति-परायण।
जो क्रोधरहित और अभय है–
मुक्त सदा है वह क्षण-प्रति क्षण।28

पाता शान्ति पुरुष वह, जिसको
तत्त्व सहित है मेरा परिचय–
यज्ञ तथा तप का भोक्ता मैं,
सुहृद, महेश्वर, जग का आश्रय।29

6

षष्ठम अध्याय

आत्मसंयम योग

श्री भगवानुवाच
निष्क्रियता-अनशन त्याग नहीं–
करता है कर्त्तव्य निरन्तर
जो कर्मफल-अनाश्रित होकर,
संन्यासी वह योगी गुरुतर।1

कहते हैं संन्यास जिसे, तू
जान उसी को योग, धनन्जय!
संकल्प न त्याग सके फल का,
वह पुरुष न योगी है निश्चय।2

योगारुरुक्षु पुरुष के लिए
निष्काम कर्म है हेतु परम।
निस्संकल्प अवस्था साधन
योगारूढ़ पुरुष का उत्तम।3

कर्म नहीं, न विषय में होता
है आसक्त पुरुष जब किंचित,
योगारूढ़ उसे कहते तब–
मन होता है संकल्परहित।4

अपने द्वारा उद्धार करे
अपना, न अधोगति को पाये—
आत्मा ही मित्र स्वयं का है,
आत्मा ही रिपु निज बन जाये।5

वह आत्मा है मित्र स्वयं का,
जिसने पायी विजय स्वयं पर।
जो जीत सका न स्वयं को, वह
है अपना ही शत्रु भयंकर।6

शान्त-जितेन्द्रिय पुरुष अहर्निश
रहता है परमात्म-समाहित—
शीतोष्ण नहीं, सुख-दुःख नहीं,
करते मान न अपमान व्यथित।7

अन्तर्मन जिसका तृप्त सदा
है ज्ञान तथा विज्ञान सहित—
अश्म, मृदा या स्वर्ण— सभी सम
अचल-जितेन्द्रिय योगी के हित।8

मित्र-सुहृद या बन्धु-हितैषी,
रिपु या द्वेष्य, तटस्थ-विरागी,
साधु-अधम— सबके प्रति सम हो
जिसकी बुद्धि, पुरुष बड़भागी।9

मन पर कर प्राप्त विजय, तज कर
संग्रह-तृष्णा, हो एकाकी—
रहता युक्त निरन्तर योगी
स्मृति में केवल परमात्मा की।10

स्वच्छ स्थल पर कर स्थापित, स्थिर कर निज चित्त।
आसन उच्च न निम्न हो, कुशा-वस्त्र आवृत्त।11

मन को एकाग्र तथा वश में
इन्द्रियजन्य क्रियाओं को कर–
निज शोधन-हेतु करे उद्यम
योगी स्थित हो आसन पर।12

काया, ग्रीवा, शिर को सम रख,
स्थिर हो, कर ग्रहण अचल आसन,
निज नासिकाग्र को कर प्रेक्षित–
न करे अन्य दिशा का चिन्तन।13

योगी शान्त अन्तःकरण से,
ब्रह्मचर्य व्रत में स्थित, निर्भय–
मन को कर संयमित, परायण
मेरे हो रहता नित्य, धनन्जय!14

अनुशासित है मन जिसका, जो
युक्त निरन्तर मुझ ईश्वर से–
मुझमें निर्वाण परम पाता,
रह शान्ति निमज्जित अन्तर से।15

सिद्ध न होता योग कभी, यदि
जागृति अतिशय या हो अनशन।
हे अर्जुन! योगी करता है
अधिक शयन न अधिक भोजन।16

आहार-विहार, शयन-जागृति,
जिसके सम्यक कर्म तथा–
योग सफल उसका ही होता,
हरता है दुःख, समस्त व्यथा।17

चित्त वशीकृत जब पूर्णतया
आत्म-स्वरूप समाहित रहता,
सब इच्छाओं से निःस्पृह नर–
उसको है जग योगी कहता।18

वायुरहित स्थल पर स्थित जैसे
दीपक है रहता नित निश्चल,
चित्त अचल ईश्वर की स्मृति में
रत योगी का रहता पल-पल।19

आत्मा से आत्मा को देखे,
आत्मा में ही सन्तुष्ट तथा–
है चित्त निरुद्ध जहाँ पर, वह
योगी की उपराम अवस्था।20

आनन्द अनन्त, अतीन्द्रिय जो,
उसको करती है बुद्धि ग्रहण।
पाकर आनन्द यथार्थ, अचल
स्थिति में रहता योगी प्रति क्षण।21

पाकर यह लाभ, अधिक न रहता कुछ भी मोल।
गुरुतर दुःख में रहता योगी सतत अडोल।22

संयोग न दुःख-व्यथा का जब,
हे पार्थ! वही है योग विदित।
योग अनुद्विग्न हृदय से
निश्चयपूर्वक कर धैर्य-सहित।23

इच्छाएँ संकल्प-जनित जो–
सम्पूर्णतया उनको तज कर,
मन के द्वारा इन्द्रिय-दल का
निग्रह सर्व दिशाओं से कर।24

अभ्यास-निरत हो बुद्धि सतत,
धैर्यसहित उपरति को पाये।
मन से हो आत्मिक स्थिति में स्थित,
अन्य न कुछ चिन्तन में लाये।25

जब-जब विषयाधीन विचरता
अस्थिर होकर यह चंचल मन,
विषयातीत विचार करे तब
योगी आत्म-स्वरूप चिरन्तन।26

जब है मन पूर्ण प्रशान्त तथा
जब शमित रजोगुण हो जाता,
ईश्वर की स्मृति में लीन, अनघ,
योगी है उत्तम सुख पाता।27

इस रीति स्वयं को युक्त सदा
सुख से रख ईश्वर की स्मृति में,
आनन्द अनन्त समाता है,
योगी ईश्वर की संगति में।28

जो हर प्राणी में आत्मा को,
जो हर प्राणी को आत्म-सदृश–
करता परिलक्षित, वह योगी
समदर्शी, सर्वत्र अहर्निश।29

सर्वत्र मुझे, और सभी को
मुझमें जो देखे, उसके हित–
मैं प्रत्यक्ष सदा; होता वह
और न मेरे हेतु तिरोहित।30

जो आत्म-स्वरूप पुरुष करता
मुझ ईश्वर को एकात्म-स्मरण,
व्यवहार सभी करके योगी
मेरी ही स्मृति में है प्रति क्षण।31

आत्म-सदृश सर्वत्र सभी को
जो एक समान समझता है–
दुःख तथा सुख में श्रेष्ठ परम
योगी रखता समरसता है।32

अर्जुन उवाच
मधुसूदन! जो आपने कहा योग-समभाव,
प्रायोगिक न लगता वह, चंचल मन के हाव।33

अति चंचल, बलवान, हठी है,
पवन-सदृश उच्छृंखल यह मन।
अतएव कठिन मुझको लगता
इन्द्रिय-निग्रह या विषय-शमन।34

श्री भगवानुवाच
निस्संदेह, महाबाहो! है
मन यह अति चंचल, दुर्निग्रह।
वैराग्य तथा अभ्यास सतत–
इनसे ही होता वश में यह।35

यह योग कठिन दुष्प्राप्य उसे
मन से जो पुरुष असंयत है;
संयम, यत्न, उपाय उचित से
है शक्य सहज–मेरा मत है।36

अर्जुन उवाच
विचलित मन, पुरुषार्थ शिथिल यदि,
श्रद्धायुक्त परन्तु पुरुष हो–
असफल जिसका योग, उसे गति
क्या होती है प्राप्त, अहो!37

मोहित, आश्रयरहित पथिक, सुख
भौतिक और अलौकिक खोकर–
अभ्र सदृश क्या छिन्न न होता
भ्रष्ट उभय पथ से वह होकर?38

योग्य-समर्थ तुम्हीं करने में
मेरे इस संशय का छेदन।
तुमसे अन्य असम्भव कोई
मिल कर जो हर ले मोह सघन।39

श्री भगवानुवाच
हे पार्थ! न इहलोक, न होता
आगामी जन्म समाप्त कभी–
शुभ कर्म निरत पुरुष न कोई
दुर्गति को होता प्राप्त कभी।40

दिव्य लोक में कई जन्म तक
योग-स्खलित नर वास करता।
धनवान सदाचारी कुल में
वह देह तदन्तर है धरता।41

अथवा ज्ञानी-योगी कुल में
लेता है वह जन्म मनोहर।
इस रीति प्रभव तो निश्चित ही
संसार सकल में दुर्लभतर।42

प्राप्त उसे पिछले जीवन से
होते हैं संस्कार पुरातन–
पाकर समबुद्धि, पुनः करता
अभ्यास कठिन वह, कुरुनन्दन!43

पूर्वाभ्यास से होता अनायास आकृष्ट,
योग-जिज्ञासु को नहीं कर्म सकाम अभीष्ट।44

संसिद्धि पुरातन के बल से,
अभ्यास सयत्न निरन्तर कर–
योगी निष्पाप, पवित्र हुआ
करता प्राप्त परम गति सत्वर।45

योगी है श्रेष्ठ तपस्वी से,
कर्मी का कर्म सकाम क्षणिक।
तू योगी निष्काम अतः बन,
वह ज्ञानी से भी मान्य अधिक।46

किन्तु समस्त योगियों में भी
जो श्रद्धा से लीन, समर्पित–
स्मरण निरन्तर करता मुझको,
योगी वह जग में श्रेष्ठ विदित।47

7

सप्तम अध्याय

ज्ञानविज्ञान योग

श्री भगवानुवाच
मुझमें आसक्त, समर्पित मन से
तू सम्पूर्ण असंशय योग-निरत–
जिस विधि से मुझको जानेगा,
हे पार्थ! सुनो हो शोक-विगत।1

कहता हूँ मैं हेतु तुम्हारे
सम्पूर्णतया विज्ञान-सहित
ज्ञान, जिसे पाकर इस जग में
कुछ भी है रहता न अपरिचित।2

प्राप्त मुझे करने को करता
यत्न सहस्राधिक में कश्चित्त।
बोध यथार्थ तदपि उनमें है
एक किसी को तत्त्व-सहित।3

हैं मन, बुद्धि, अहंकार तथा
पृथ्वी, जल, पावक, वायु, गगन–
अष्ट प्रकार विभाजित मेरी
करती यह अपरा प्रकृति सृजन।4

इसके अतिरिक्त महाबाहो!
जानो मेरी अन्य प्रकृति को।
जीव-स्वरूप परा है, धारण
जो करती सारी संसृति को।5

जन्म सभी प्राणी का होता
अपरा और परा से सम्भव।
सम्पूर्ण जगत का प्रलय मुझे,
तू समझ मुझे ही विश्व-प्रभव।6

मेरे अतिरिक्त न कोई है
कारण जग में श्रेष्ठ धनन्जय!
मुझमें सारा जगत पिरोया–
मणियों का धागे में संचय।7

मैं जल में रस हूँ, और प्रभा
मैं ही हूँ चन्द्र-दिवाकर में।
नभ में शब्द, प्रणव वेदों में,
पुरुषत्व तथा मैं हूँ नर में।8

मैं पावन गन्ध धरा में हूँ,
मैं ही हूँ तेज हुताशन में।
तप हूँ प्रत्येक तपस्वी में,
जीवन मैं जीव सचेतन में।9

हे पार्थ! मुझे ही तुम जानो
प्राणिमात्र का बीज सनातन।
बुद्धि सुधी का, तेजस्वी का
तेज मुझे जानो कुरुनन्दन!10

पार्थ! मैं बलिष्ठ का बल काम-राग से रहित;
मैं ही प्राणियों में हूँ कामना धर्म-विहित।11

सत्त्व, रजोगुण और तमोगुण–
इनसे जो भाव उपजते, वे
मेरे से हैं; किन्तु न उनमें
मैं हूँ, और न हैं मुझमें वे।12

इन त्रिविध गुणों के भावों से
सम्पूर्ण जगत यह मोहित है।
इनसे न परे कोई भी नर
मुझ अविनाशी से परिचित है।13

मेरी यह त्रिगुणमयी माया
अद्भुत और बड़ी दुस्तर है।
मेरे प्रति पूर्ण समर्पण से
माया को तर जाता नर है।14

स्मरण नहीं मुझको करते हैं
जो जन मूढ, नराधम, दुष्कृत–
वृत्ति असुर की होती, होता
चिंतन भी माया से अपहृत।15

चार प्रयोजन से उत्तम जन
स्मरण मुझे करते हैं, भारत!
आर्त, धनार्थी, जिज्ञासु तथा
ज्ञानी– रहते हैं स्मृति में रत।16

उनमें भी मेरी स्मृति में रत,
बोध जिसे तत्त्व-सहित परिचय,
नित्य अनन्य-हृदय से अर्पित
वह ज्ञानी मुझको प्रिय अतिशय।17

ये सब हैं श्रेष्ठ, तदपि ज्ञानी
है मेरा प्रतिरूप धनन्जय!
होता स्थित अति उत्तम गति में
मद्गत बुद्धि, सदैव निराश्रय।18

लेकर जन्म कई, पाता है
ज्ञानी मुझको अन्तिम पल में।
'ईश्वर ही सर्वस्व' – महात्मा
जो समझे, वह दुर्लभ थल में।19

जिनकी बुद्धि भ्रमित हो जाती
विविध कामनाओं से अपहृत–
अन्य देवताओं को भजते
नियम-प्रमाण, प्रकृति से प्रेरित।20

श्रद्धायुक्त समर्पित होकर
भक्त करे जिसका भी अर्चन–
श्रद्धा को कर अचल, सुनिश्चित
मैं करता हूँ भक्ति-प्रयोजन।21

इष्ट देव की भक्ति का, रखता जो अभिप्राय–
मेरे द्वारा ही विहित मिलता उसको दाय।22

फल किन्तु विनाशी होता है
उनका, जिनकी मेधा सीमित।
ज्ञानी मुझको पाता है, सुख
देव-उपासक पाते परिमित।23

निर्बुद्ध समझते व्यक्त मुझे,
साधारण नर-सम तनधारी।
है भाव परम मेरा अव्यय,
मैं सर्वोत्तम हूँ अविकारी।24

मैं योग-समावृत माया से
सबके होता प्रत्यक्ष नहीं।
अज-अव्यय–मेरे परिचय से
यह मूढ समाज अदक्ष कहीं।25

मुझको है ज्ञान अतीत तथा
भावी-सम्प्रति हर जातक का।
किन्तु नहीं है बोध किसी को
मेरी संज्ञा गुणवाचक का।26

इच्छा-द्वेष, सभी द्वंद्वों का
होता है उद्भव इनसे ही।
अज्ञान-तिमिर में घिरता है
द्वंद्व-विमूढ जगत में देही।27

पाप विनष्ट हुए हैं जिनके
पूर्णतया, कर पुण्य सुकृत,
स्मरण मुझे करते दृढ़-निश्चय
वे द्वंद्व-विमुक्त, ममत्व-रहित।28

मृत्यु-जरा पर लक्ष्य विजय का
लेकर करते यत्न निरन्तर—
ईश्वर, आत्मा, कर्म—सभी कुछ
ज्ञात उन्हें शरणागत होकर।29

अधिभूत तथा अधिदैव सहित,
अन्तिम क्षण में अधियज्ञ सहित—
है बोध जिसे मेरा सम्यक,
वह युक्त-विवेक पुरुष परिभाषित।30

8
अष्टम अध्याय

अक्षरब्रह्म योग

अर्जुन उवाच
ब्रह्म किसे कहते, पुरुषोत्तम!
अध्यात्म क्या है, कर्म क्या है?
अधिभूत किसे कहते हैं, अथवा
अधिदैव का भी मर्म क्या है?1

हे मधुसूदन! अधियज्ञ यहाँ
है कौन, कैसे है इस तन में?
स्थिर-चित्त पुरुष किस रीति तुम्हें
पाते हैं अन्तिम दर्शन में?2

ब्रह्म परम अक्षर है, अर्जुन!
अध्यात्म आत्मा की प्रकृति है।
प्राणि-मात्र को प्रश्रय देता
है जो त्याग, कर्म वह कृति है।3

अधिभूत पदार्थ विनाशी हैं,
कर्ता है अधिदैव पुरुष ही।
अधियज्ञ स्वयं मैं इस तन में
हे वीर प्रवर! है सार यही।4

अन्त समय जो कर स्मरण, मुझको तजता देह–
करता प्राप्त स्वरूप वह मेरा निस्सन्देह।5

भाव स्मरण जैसा कर कोई
तजता है तन अन्त समय में–
वैसी ही गति को पाता वह,
रहता नित जिस लीन विषय में।6

अतएव निरन्तर कर मेरा
तू नित्य स्मरण जीवन-रण में।
तू प्राप्त मुझे होगा निश्चित
देकर मन-बुद्धि समर्पण में।7

बुद्धि सदा ही योग-निरत हो,
चित्त कहीं अन्यत्र न जाये–
चिन्तन का अभ्यास निरन्तर
दिव्य पुरुष से मिलन कराये।8

अणु से भी सूक्ष्म, प्रकाश-पुरुष,
सर्वज्ञ, अनादि, नियन्ता को,
स्मरण सदा जो करता तम से
अति दूर, अचिन्त्य, विधाता को।9

अन्त समय कर प्रतिष्ठित भृकुटि-मध्य में प्राण–
योग, अचल मन से पुरुष पाता है निर्वाण।10

ऋषि ब्रह्मचर्य धारण कर के
करते निर्लिप्त प्रवेश जहाँ,
वेद जिसे कहते अक्षर—
मुझसे सुन सार-स्वरूप यहाँ।11

कर इन्द्रिय के द्वार नियन्त्रित,
अंतर्मन को नित्य निरोधित,
प्राण अवस्थित कर मस्तक में,
योग-तपस्या में अनुरंजित।12

'ओम्' इस अक्षर के स्वरूप में
स्थित होकर, मेरी स्मृति में रत—
तन को तजकर जो जाता है,
प्राप्त परम गति करता अक्षत।13

जो भी पुरुष अनन्य हृदय से
करता है मुझको नित्य स्मरण,
उस युक्त निरन्तर योगी को
मैं हूँ पार्थ! सुलभ प्रति क्षण।14

परम सिद्धि के लाभ से होते मुझको प्राप्त,
भंगुर जग से मुक्त मुनि, पुनर्जन्म, दुःख-व्याप्त।15

ब्रह्मलोकपर्यन्त सभी हैं
पुनरावर्ती लोक, धनन्जय!
पाकर मुझको शेष न रहता
किंचित भी जन्म-मरण का भय।16

वर्ष युग सहस्र समझ उसको,
एक दिवस है जो ब्रह्मा का।
रात्रि युग सहस्राब्दी की—यह
ज्ञान अहर्निश की गणना का।17

आरम्भ दिवस का होने पर
व्यक्त चराचर है उद्घाटित।
आगमन निशा का होने पर
सब होते अव्यक्त-तिरोहित।18

हो-होकर उद्भूत, तिरोहित
होता वारंवार चराचर।
जीव अवश उत्पत्ति-प्रलय में
विचर रहा अर्जुन! निशि-वासर।19

अव्यक्त भाव से परे, भाव सनातन अन्य।
जो विनष्ट न होता है, नश्वर जड़-चैतन्य।20

वह धाम जहाँ मैं रहता हूँ,
कहते अक्षर, अव्यक्त उसे।
उसका न निवर्तन होता है,
गन्तव्य परम है प्राप्त जिसे।21

वह परम पुरुष तो, हे अर्जुन!
है प्राप्य अनन्य अनुग्रह से—
सम्पूर्ण चराचर है जिसमें,
जो सबमें व्याप्त अविग्रह से।22

करते प्राप्त अनावृत्ति तथा
जब करते प्राप्त निवर्तन को–
तू काल गहन गति सुन मुझसे
योगी जाते जब तज तन को।23

अग्नि-सदृश ज्योतिर्मय है,
उत्तरायण का पथ उज्ज्वल–
त्याग शरीर जहाँ जाते हैं
योगी, वह मेरा लोक धवल।24

दक्षिणायण का पथ है कलुषित धूमिल रात।
निवर्तन में लेते हैं जन्म कई अभिजात।25

ये शुक्ल तथा कृष्ण– जगत के
वर्णित हैं दो मार्ग सनातन।
एक अनावृत्ति परम गति है,
है अन्य पुनर्जन्म निवर्तन।26

वह योगी है, मार्ग उभय का
ज्ञान जिसे है तत्त्वसहित।
अतएव बनो योगी प्रति पल,
पार्थ! न होता योगी मोहित।27

वेद, तपस्या, दान, हवन–
इनमें पुण्य समाहित सीमित,
योगी इनसे पार परम पद
पाता है होकर उद्बोधित।28

9

नवम अध्याय

राजविद्या राजगुह्य योग

श्री भगवानुवाच
मैं कहता हूँ यह ज्ञान तुझे,
जो गुह्य परम विज्ञानसहित–
हे अनसूय! ग्रहण कर इसको
मुक्ति अशुभ से होगी निश्चित।1

हर विद्या में श्रेष्ठ, गहनतम,
देता है यह ज्ञान त्वरित फल–
है उत्तम, पावन, धर्मविहित,
यह अविनाशी, प्रत्यक्ष, सरल।2

श्रद्धाहीन मनुज संशयवश
होते हैं मुझको प्राप्त नहीं।
चक्र-निवर्तन के बन्धन में
मर्त्य जगत है व्याप्त कहीं।3

मेरी ही अव्यक्त प्रभा से
यह सम्पूर्ण जगत है भावित।
जीव नहीं मेरे अन्तर्गत,
मैं भी उनमें हूँ न अवस्थित।4

करता हूँ सर्व चराचर का
योग-विभव से उद्भव-पोषण।
किन्तु न मैं उनमें स्थित हूँ,
और न मुझमें जीव किसी क्षण।5

जैसे नभ में सर्वत्र पवन
विचरण करता निज वैभव से,
मुझमें वैसे ही जीव सभी
हैं स्थित, मेरे ही गौरव से।6

प्राप्त प्रकृति को मेरी करते
सब, जब होता कल्प-समापन।
कल्प-उदय में मैं करता हूँ
सर्व चराचर का नित सर्जन।7

संस्कार-विवश हर प्राणी के
कर कर्मों का अनुमोदन–
अंगीकार प्रकृति को कर निज
करता हूँ वारंवार सृजन।8

ये कर्म, धनन्जय! मुझको तो
बाँध नहीं सकते है किंचित–
इन कर्मों में उपराम सदृश,
होकर आसक्तिरहित हूँ स्थित।9

मेरी अध्यक्षता में रचती है, कौन्तेय!
प्रकृति चराचर को, यही सृष्टि-चक्र का ध्येय।10

मानव-तन का आधार लिये
सम्पूर्ण जगत के ईश्वर को–
मूढ समझते तुच्छ मुझे, कर
विस्मृत मेरे भाव प्रवर को।11

विश्वास वृथा है, कर्म वृथा,
जिनका ज्ञान वृथा है, छल है–
मूढ़-असुर जन की छद्म प्रकृति
होती वारंवार विफल है।12

दैवी प्रकृति को प्राप्त महात्मा
करते हैं पार्थ! सदैव स्मरण,
जान चराचर का मुझको ही
आदि, सनातन, अव्यय कारण।13

मेरी स्मृति में नित युक्त-निरत,
पुरुषार्थी, धारण कर दृढ़ व्रत–
प्रेमसहित कर भक्ति-नमन, वह
करते वर्णन मेरी कीर्ति सतत।14

ज्ञान-यज्ञ के द्वारा करते
कुछ एकत्व भाव से पूजन।
अन्य अनन्त-स्वरूप समझकर
रीति विविध से करते वन्दन।15

मैं ही क्रतु, मैं ही यज्ञ-स्वधा,
मैं ही मन्त्र तथा औषधि हूँ।
घृत और हुताशन हूँ मैं ही,
और हवन की मैं विधि हूँ।16

माता और पिता इस जग का,
पालनकर्ता और पितामह,
मैं ही ज्ञेय, पवित्र प्रणव हूँ,
मैं ऋक्साम, यजु: श्रुति-विग्रह।17

मैं साक्षी, धाम, शुभेच्छु, शरण,
मैं गति, पालनकर्ता, ईश्वर।
आधार तथा आश्रय भी मैं,
सृष्टि-प्रलय का बीज अनश्वर।18

मैं ही ऊष्मा, मैं वर्षा का
करता हूँ निग्रह-उत्सर्जन।
सत्य-सुधा, मैं अनृत-हलाहल–
विश्व निखिल सागर-मन्थन।19

वेद-विहित सब कर्म कर, ज्ञान-सुधा कर पान–
यज्ञ से कर प्राप्त स्वर्ग, पाते सुख अम्लान।20

क्षय होते जब पुण्य, तदन्तर
जन्म पुनः इस मर्त्य भुवन में
प्राप्त सकाम पुरुष करते हैं–
बद्ध सतत उत्थान-पतन में।21

मुझको जो हैं पुरुष निरन्तर
करते रख प्रेम अनन्य स्मरण,
योगक्षेम वहन करता हूँ
उनका, जो मेरे नित्य शरण।22

अन्य स्वरूप किसी का भजते
श्रद्धायुक्त सकाम उपासक–
वे भजते हैं पार्थ! मुझे ही,
किन्तु न पूजन वह विधिपूर्वक।23

यज्ञ सकल का भोक्ता मैं हूँ,
मैं हूँ पार्थ! सभी का स्वामी।
किन्तु जिन्हें पहचान न मेरी,
वे लेते जन्म अधोगामी।24

देव-उपासक पाते उनको,
प्राप्त पितर को करते पितृ-व्रत।
पाते भूत-उपासक उनको,
मुझको, जो मेरे शरणागत।25

पत्र, सुमन, फल, जल जो कोई
शुद्ध हृदय से करता अर्पित–
मैं करता स्वीकार उसे हूँ,
प्रेमसहित जो कुछ मेरे हित।26

जो करते हो, जो खाते हो,
करते हो जो कुछ दान-हवन,
हे पार्थ! तपस्या हो चाहे–
मेरे प्रति हो कर्म-प्रयोजन।27

त्याग शुभाशुभ फल कर्मों के,
होकर मुक्त तथा निर्बन्धन–
मुझको प्राप्त करोगे, स्मृति में
मेरी संलग्न करो निज मन।28

है शत्रु न कोई, मित्र नहीं –
मैं हूँ निष्पक्ष चराचर में।
करते स्मरण सदा, उनमें मैं,
बसते वे मेरे अन्तर में।29

यदि दुराचारी कोई मान मुझे गन्तव्य,
मेरी स्मृति में हो निरत, साधु परम मन्तव्य।30

अति शीघ्र सदाचारी बनकर
पाता वह शान्ति चिरन्तन है।
मेरा भक्त विनष्ट न होता –
अर्जुन! यह सत्य सनातन है।31

होते हैं प्राप्त परमगति को
हे पार्थ! शरण में मेरी आकर –
स्त्री, वैश्य तथा शूद्र, अधम जग
जिनको कहता हेय बताकर।32

क्या ही कहना सौभाग्य पुनः,
जो ब्राह्मण, राजर्षि समर्पित!
लोक अनित्य, सुखरहित को तज,
कर मेरा पार्थ! स्मरण नियमित।33

स्मरण करो मुझको नित मन से,
कर दो मुझको कर्म समर्पण।
तू प्राप्त मुझे होगा, मुझमें
होकर आत्म-नियुक्त, परायण।34

10

दशम अध्याय

विभूति योग

श्री भगवानुवाच
कर श्रवण महाबाहो! मुझसे
वचन पुनः यह मेरा उत्तम।
अतिशय प्रिय जान कहूँगा मैं,
होगा तव कल्याण मनोरम।1

देव-महर्षि, मनुज हो किंवा–
प्रभव न ज्ञात किसी को मेरा।
हेतु सभी के उद्भव का मैं,
विश्व-चरित का आदि चितेरा।2

तत्त्वसहित परिचय मेरा है
एक, अनादि, अजन्मा, ईश्वर–
बोध जिसे यह, वह ज्ञानी है,
मर्त्य जगत में मुक्त वही नर।3

ज्ञान, सुबुद्धि, तथा गत-संशय,
सुख-दुःख तथा भय और अभय,
सत्य, क्षमा, दम, मन का निग्रह,
संसृति का आविर्भाव-प्रलय।4

सन्तुष्टि, अहिंसा, समरसता,
यश-अपयश, दातव्य, तपोव्रत–
ये जो भाव विविध मानव के
मेरे ही होते हैं अनुगत।5

सप्त ऋषि, सनकादि चार, पूर्वज मनु समवेत–
प्रसूत मम संकल्प से ये सब प्रजा समेत।6

योग-विभूति जिसे है मेरा
ज्ञात यथोचित तत्त्वसहित,
योग अचल के द्वारा मुझसे
युक्त सतत होता है निश्चित।7

मूल प्रभव का मैं ही सबके,
मुझसे चेष्टाशील जगत है–
इस रीति यथार्थ समझ ज्ञानी
रहता मुझमें भाव-निरत है।8

चित्त निरन्तर मुझमें जिनका,
मुझ पर है मन-प्राण समर्पण–
ज्ञान-कथन से नित्य परस्पर
करते सजग, सन्तुष्ट रमण।9

जो हैं युक्त सतत, मुझको जो
करते स्मरण हृदय से नियमित।
बुद्धि प्रदान उन्हें मैं करता,
प्राप्त मुझसे होते वे निश्चित।10

अनुकम्पा के अर्थ तिमिर
अज्ञानजनित मैं हरता हूँ।
आत्मिक स्थिति से ज्ञान-निरूपित
मैं दीप प्रकाशित करता हूँ।11

अर्जुन उवाच
परम ब्रह्म, परम पवित्र, परम धाम भगवन्त।
पुरुष सनातन, दिव्य, अज, देव अनादि-अनन्त।12

नारद देवर्षि, असित, देवल,
व्यास महर्षि तथा सब ऋषिगण
कहते हैं जो सत्य, मुझे वह
आप स्वयं करते हो चित्रण।13

इस सबको सत्य समझता हूँ–
कहते हो जो कुछ, हे केशव!
ईश्वर! तेरा व्यक्तित्व किसी को
बोध न है –न देव, न दानव।14

प्राणिमात्र के उद्गम! ईश्वर!
देव-देव! जगपति! पुरुषोत्तम!
अपना आत्म-स्वरूप स्वयं ही
परिभाषित करने में सक्षम।15

ये लोक निमज्जित हैं जिससे,
जिनके द्वारा आप प्रतिष्ठित–
वर्णन करने में कुशल स्वयं
हैं निज दिव्य विभूति असीमित।16

मैं ज्ञान तुम्हारा प्राप्त करूँ
किस रीति निरन्तर चिन्तन कर?
चिन्त्य तथा किन-किन भावों में
मेरे द्वारा हो, योगेश्वर!17

विस्तृत योग-विभूति निज, पुनः करें अभिव्यक्त।
तृप्त न होता सुन जिसे मन मेरा अनुरक्त।18

श्री भगवानुवाच
अस्तु! कहूँगा हेतु तुम्हारे
मैं अपना ऐश्वर्य अलौकिक–
है विस्तार अनन्त, अतः सुन,
जिनकी है महिमा सर्वाधिक।19

मैं परमात्म-स्वरूप अवस्थित
निखिल चराचर के आशय में–
मैं उनका उद्गम, मध्य तथा,
मैं हूँ उनके अन्त-विलय में।20

मैं विष्णु अदिति के पुत्रों में,
ज्योति-किरण रवि हूँ मैं ही।
मैं ही तो तेज पवन का हूँ,
नक्षत्रों में शशि हूँ मैं ही।21

श्रुति में साम, तथा देवों में
सबसे श्रेष्ठ पुरन्दर हूँ मैं।
इन्द्रियों में मन, प्राणियों में
चेतन-शक्ति अनश्वर हूँ मैं।22

यक्ष कुबेर असुरगण में,
मैं ही हूँ रुद्रों में शंकर।
वसुओं में अग्नि, तथा मैं हूँ
पर्वत में पावन मेरु शिखर।23

मुख्य पुरोधा बृहस्पति, सेनानी मैं स्कन्द,
पार्थ! जलाशयवृन्द में मैं सागर स्वच्छन्द। 24

महर्षियों में मैं ही भृगु हूँ,
ओंकार गिरा में, अक्षर में।
यज्ञ सभी में जप हूँ मैं ही,
उत्तुंग हिमालय स्थावर में।25

अश्वत्थ विटप मैं पुष्पद में,
देवर्षि-सकल में नारद हूँ।
गन्धर्वों में चित्ररथ तथा
सिद्धों में कपिल विशारद हूँ।26

उच्चै:श्रवा अश्व हूँ मैं वह,
संग सुधा के जिसका उद्भव।
गज में ऐरावत, और नृपति
मैं हूँ, जग में जितने मानव।27

आयुध में वज्र, सुरभि गौ में,
सन्तान-जनन का हेतु मदन—
वासुकि अहिराज स्वयं मैं हूँ,
सर्व सरीसृप में कुरुनन्दन!28

नागों में शेषनाग अनन्त,
और वरुण मैं हूँ जलचर में।
पितृगण में अर्यमा, नियामक
हूँ मैं स्वयं यम दण्डधर में।29

दैत्यों में प्रह्लाद मैं, संगणना में काल,
मृग में हूँ शार्दूल मैं, खग में गरुड़ विशाल।30

मैं पवन सदृश पावनकारी,
मैं ही श्रीराम धनुर्धर हूँ।
जाह्नवी नदी हूँ पावन, मैं
जल-जीवन में ग्राह-मकर हूँ।31

हे पार्थ! जगत का मैं ही हूँ
सृजन, अवान्तर और प्रलय।
विद्याओं में अध्यात्म, तथा
परिचर्चा में मैं हूँ निर्णय।32

मैं द्वन्द्व समास समासों में,
अक्षर में प्रथम 'अकार' तथा।
मैं हूँ अक्षय काल, विधाता–
जग है मेरा विस्तार यथा।33

मैं मृत्यु विनाशक, मैं उद्भव–
मुझसे जग का सम्भाव्य सृजन।
मुझसे नारी की कीर्ति, क्षमा,
श्री, मेधा, स्मृति, धृति और वचन।34

साम में बृहत्साम, छन्द में
मैं गायत्री छन्द मनोहर,
मासों में मैं मार्गशीर्ष हूँ,
ऋतुओं में वसन्त कुसुमाकर।35

द्यूत कपट में, तेज मैं तेजस्वी का मान।
जय और दृढ़ निश्चय भी, मैं हूँ सत्त्व-निधान।36

वासुदेव हूँ वृष्णि-वंश में,
और धनन्जय कुन्ती-सुत हूँ।
मुनियों में वेदव्यास तथा
कवियों में उशना प्रद्युत हूँ।37

मैं दण्ड दमन के हेतु, तथा
हूँ नीति जिगीषा का पोषक।
मैं ज्ञान मनस्वी जन का हूँ,
मैं मौन, अगोचर का रक्षक।38

बीज स्वयं मैं ही हूँ अर्जुन!
हेतु चराचर के उद्भव का।
विलग न कोई प्राणी मुझसे–
मैं ही उत्स अनन्त विभव का।39

मेरी दिव्य विभूति परन्तप!
किन्तु अनन्त, अचिन्त्य गहन है।
अतएव तुम्हारे हेतु किया
मैंने अति संक्षिप्त कथन है।40

ऐश्वर्य, विभा, बल से पूरित–
जो भी है वस्तु विभूतिसहित,
उसमें मेरा अंश प्रकट है,
मेरा ही है तेज समाहित।41

अर्जुन! अति विस्तार में तेरा क्या अभिप्रेत?
एकांश से धारण जग मैंने किया सचेत।42

11

एकादश अध्याय

विश्वरूप दर्शन योग

अर्जुन उवाच
जो मेरे प्रति यह गुह्य परम
आध्यात्मिक वचन अनुग्रहवश
कहा आपने, उससे मेरा
है नष्ट हुआ सब मोह-अयश।1

हर प्राणी का उत्पत्ति-प्रलय,
और तुम्हारा गौरव अव्यय–
सम्यक् रीति सुना है विस्तृत,
और मुझे है इसका प्रत्यय।2

ईश्वर! आप यथार्थ स्वयं का
देते परिचय सत्य सनातन।
ऐश्वर्यसहित तव रूप तदपि
उत्सुक हूँ करने को दर्शन।3

मेरे द्वारा देखा जाना
रूप आपका यदि हो सम्भव,
मुझको दिखलायें अविनाशी
हे योगेश्वर! निज रूप-विभव।4

श्री भगवानुवाच
मेरा दिव्य रूप देख, हे पार्थ! शत-सहस्त्र।
विविध रीति, बहु वर्ण के, आकृति अमित अजस्त्र।5

आदित्य, मरुत, वसु, रुद्र विविध,
सुर अश्विन-द्वय आदि अवीक्षित–
हे भारत! देख अदृष्ट कई,
कौतुक-सम प्राणी बहु आकृत।6

निखिल जगत, सम्पूर्ण चराचर
एकत्र यहाँ मेरे तन में।
तू देख गुडाकेश! इन्हें अब
और अभीप्सित जो भी मन में।7

देख सकेंगे किन्तु नहीं ये
मुझको तेरे प्राकृत लोचन।
देता दिव्य नयन हूँ तुझको–
मेरा योग-विभव कर दर्शन।8

संजय उवाच
ऐसा कह योगेश्वर हरि ने
अर्जुन के दर्शन-हेतु स्वयं
दिखलाया निज रूप अलौकिक,
योग-विभव, ऐश्वर्य परम।9

बहु भूषण, आयुध सहित, अनेक मुख-दृग युक्त–
अद्भुत दर्शन तब किया अर्जुन ने भय-मुक्त।10

माल्य अलौकिक, दिव्य वसन,
लेप सुगन्धित से जो सज्जित,
देखा अर्जुन ने उस विभु को–
विश्वोन्मुख, आश्चर्य, अपरिमित।11

सूर्य सहस्र उदित होकर भी
कर पायें वह ज्योति कदाचित्–
जो ज्योति स्वयं परमात्मा से
होती नित्य, निरन्तर निस्सृत।12

नाना रीति विभक्त जगत को
उस क्षण अर्जुन ने एकत्रित
देवाधिदेव के अन्तर में
देखा होकर अति विस्मित।13

आश्चर्य-पुलक से अर्जुन ने
नमन किया तब शीश झुकाकर।
जोड़ उभय हस्त धनन्जय ने
अनुनय-वचन कहे तदनन्तर।14

अर्जुन उवाच
कमलासीन विधाता, शंकर,
देव सभी, जीव कई सारे,
दिव्य उरग, ऋषि देख रहा हूँ
मैं तन में हे देव! तुम्हारे।15

व्यापक रूप अनन्त तुम्हारा–
बहु बाहु, उदर, मुख, नेत्र सहित।
आदि न अन्त, न मध्य कहीं, तुम
विश्वेश्वर! सर्वत्र असीमित।16

तेजोमय, तुम पुंज प्रभा के,
चक्र-किरीट-गदा से सज्जित।
दुर्निरीक्ष्य, स्वयं सिद्ध तथा
दीप्त अनल हो, सूर्य प्रकाशित।17

तुम हो ज्ञेय परम अक्षर, तुम
अव्यय, परम निधान भुवन के।
मेरे अनुसार सनातन तुम,
हो रक्षक धर्म चिरन्तन के।18

शक्ति अनन्त, अनन्त भुजाएँ,
आदि न मध्य, न अन्त तुम्हारा।
रवि-विधु हैं तव नेत्र, अनल मुख,
उष्मित यह जग जिनके द्वारा।19

स्वर्ग-धरा के मध्य गगन में,
तुम सर्व दिशाओं में व्यापक।
देख विकल त्रिभुवन है तेरा
अद्भुत, उग्र, स्वरूप विदारक।20

देव प्रवेश तुम्हीं में करते–
करबद्ध, सभीत पुकार रहे।
स्तुति में सिद्ध-महर्षि तुम्हारी
श्रेयस्कर स्तोत्र उचार रहे।21

साध्यगण तथा गन्धर्व, पितर,
यक्ष, असुर, वसु,आदित्य, मरुत,
विश्वेदेव, अश्विनीकुमार–
देख रहे तुमको विस्मय-युत।22

बहु दंष्ट्रा-मुख-नेत्र-भुजा-उरु-
उदर-चरण से युक्त भयावह–
देख स्वरूप विशाल सशंकित
मैं हूँ, और समस्त जगत यह।23

बहुवर्णी रूप, गगन को छूते
विस्तृत आनन, तव दीप्त नयन।
देख स्वरूप विशाल विकल है–
शान्ति न धृति को पाता है मन।24

हनु विकराल, तथा मुख-मण्डल
विप्लव में विस्तीर्ण अनल-सम–
मैं देवेश! दया का याचक,
प्राप्त न सुख, होता है दिग्भ्रम।25

गुरु द्रोण, पितामह, कर्ण-सहित
धृतराष्ट्र-तनुज और नृपति-गण,
योद्धा मुख्य हमारे दल के,
सारे के सारे ही इस क्षण– 26

विकराल, भयानक मुख में हैं
होते तेरे शीघ्र समाहित–
कुछ के मस्तक दशनान्तर में
चूर्ण सदृश होते हैं लक्षित।27

जैसे सागर की ओर सदा
है नदियों का नीर प्रवाहित–
वे नर-वीर प्रविष्ट तुम्हारे
दीप्त मुखों में होते चिह्नित।28

भ्रमित पतंग प्रवेश अनल में
कर होता नष्ट त्वरित जैसे,
लोक प्रवेश तुम्हारे मुख में
हेतु प्रलय के करता वैसे।29

तुम ग्रास जगत का हो करते
निज प्रज्ज्वलित मुखों के द्वारा।
कर संतृप्त समग्र जगत को
उष्मित करता तेज तुम्हारा।30

क्यों धारण उग्र स्वरूप किये,
निज परिचय दें हे देव प्रवर!
हे आदि पुरुष! विस्तार सहित
आप प्रवृत्ति कहें निज सत्वर।31

श्री भगवानुवाच
महाकाल संहार के हेतु मैं हूँ,
बढ़ा हूँ अभी नष्ट करने भुवन को।
तुम्हारे बिना भी रहेंगे न जीवित,
खड़े शत्रु योद्धा, मृतक जान इनको।32

यशस्वी बनो शत्रु को जीत कर के,
उठो, पार्थ! भोगो विभव, राज्य-शासन।
निहत पूर्व में ही सभी वीर मुझसे,
हुई जीत है, तुम बनो मात्र साधन।33

सुभट कर्ण, अन्यान्य योद्धा विरोधी,
पितामह, जयद्रथ तथा द्रोण गुरुवर–
करो यद्ध, तेरी विजय है सुनिश्चित,
सभी हैं निहत पार्थ! तू शोक मत कर।34

संजय उवाच

कम्पित, करबद्ध, सभीत पार्थ ने कर नमन,
अवरुद्ध कण्ठ से कहा, सुन केशव के वचन।35

अर्जुन उवाच

जग है हर्षित, अनुरागी सुन
अन्तर्यामी! कीर्ति तुम्हारी।
भयभीत असुर हैं भाग रहे,
करते सिद्ध नमन अनुचारी ।36

ब्रह्मा के आदि पिता, अक्षर–
वे न नमस्कार करें कैसे!
तुम कर्ता, ज्येष्ठ, परात्पर हो,
हो सत्य-असत्य परे सबसे।37

आश्रय हो, आधार भुवन के,
पूज्य प्रथम, तुम पुरुष पुरातन
वेत्ता-वेद्य, अनन्त तुम्हीं हो,
तुमसे जग परिपूर्ण, चिरन्तन।38

वायु, अनल, यम, चन्द्र, वरुण ये,
और प्रजापति विधि चतुरानन—
हे ब्रह्मा के जनक! नमन है,
प्रपितामह वारंवार नमन।39

किये सर्व को व्याप्त तुम, विक्रम-शक्ति अनन्त!
आगे-पीछे, सर्वतः नमस्कार भगवन्त!40

महिमा से अनभिज्ञ तुम्हारी,
हठपूर्वक तुमको मान सखा,
मैंने प्रेमसहित या मद में
बोला है यादव! कृष्ण! सखा!41

घटित हुए उपहास-अनादर
सार्वजन्य-निजी जीवन में,
उनके हेतु क्षमा-प्रार्थी मैं—
केलि, शयन, आसन, भोजन में।42

तुम जनक चराचर जग के हो,
गुरु, पूज्य, प्रभाव अतुल-अनुपम।
त्रिभुवन में सदृश न कोई भी—
फिर कौन यहाँ तुमसे उत्तम!43

पति, मित्र, पिता करते जैसे
स्त्री, मित्र, तनुज के दोष सहन,
अपराध क्षमा कर दो मेरे—
हे ईश्वर स्तुति-योग्य! नमन।44

देख रूप अदृष्टपूर्व, है मन में भय-क्लेश।
देव-रूप दिखलाइये हो प्रसन्न देवेश!45

चक्र-गदा कर में धारण हो
और किरीट-सुशोभित मस्तक–
प्रकट करें वह रूप चतुर्भुज,
मूर्त दिगन्त! त्रिलोक नियामक!46

श्री भगवानुवाच
मेरा रूप न और किसी ने
देखा तुमसे पूर्व धनन्जय!
सबका आदि, अनादि, स्वयम्भू
मैं ज्योति अनन्त, परम तेजोमय।47

वेद न यज्ञ, न दान-पठन से,
और न उग्र तपश्चर्या से–
तेरे अतिरिक्त नहीं सम्भव
मम दर्शन अन्यान्य क्रिया से।48

विकराल स्वरूप निरख मेरा
पार्थ! भ्रमित या व्याकुल हो मत।
रूप मनोहर देख पुनः, बन
प्रीतमना, निर्भय, शरणागत।49

संजय उवाच
वचन कहे भगवान ने, भयावरण कर ध्वस्त।
कर प्रदर्शित सौम्य रूप, किया पुनः आश्वस्त।50

अर्जुन उवाच
यह सौम्य मनुज रूप निरखकर
मेरा चित्त हुआ अब है स्थिर।
नैसर्गिक स्थिति को प्राप्त हुआ,
मैं सुख अनुभव करता हूँ फिर।51

श्री भगवानुवाच
हे अर्जुन! तुमने मेरा जो
देखा है यह रूप सुदर्शन–
देव सदा लालायित रहते
करने को मम दुर्लभ दर्शन।52

जिस रीति सरलता से तुमने
देखा मुझको, वह दृश्य अगम।
मुझको प्राप्त नहीं कर सकते
यज्ञ, तपस्या, दातव्य, निगम।53

मेरा दर्शन अर्जुन! सम्भव
है किन्तु अनन्य समर्पण से–
ज्ञान, प्रवेश तथा दर्शन के
हेतु उपस्थित मैं तत्क्षण से।54

निरासक्त, निर्वैर जो, विगत राग-भय-द्वेष–
मेरे हेतु कर्म-निरत, है वह भक्त विशेष।55

12

द्वादश अध्याय

भक्ति योग

अर्जुन उवाच
कौन तुम्हारे मत में वेत्ता
उत्तम, इनमें योग-निपुण है–
कोई अक्षर-अव्यक्त कहें,
तो कुछ को प्रिय भक्ति सगुण है! 1

श्री भगवानुवाच
स्थापित कर निज मन को मुझमें
करता है जो स्मरण निरन्तर,
श्रद्धायुक्त पुरुष वह, उत्तम
मेरी मत में है योग-प्रवर।2

अक्षर, अव्यक्त, तटस्थ सदा,
गुण-रूप-अकथ्य, अचिन्त्य, अचल,
सर्वत्र सुगम, ध्रुव ईश्वर की
स्मृति में रहता है जो प्रति पल।3

निश्चल प्रज्ञा से द्वन्द्व-रहित,
इन्द्रिय-निग्रह कर के समुचित—
वह योगी प्राप्त मुझे होता,
जिसका ध्येय चराचर का हित।4

श्रम विशेष से साध्य है निराकार में चित्त,
कष्टकर उनकी गति जो देह-भान-आवृत्त।5

कर निज कर्म समस्त समर्पित
जो हैं अनुरक्त सदा मुझ पर,
योग अनन्य सहित जो मेरा
करते चिन्तन-ध्यान निरन्तर।6

करता हूँ उद्धार जगत में,
मैं ही उनका तो अति सत्वर।
मुझमें जिनका चित्त समाहित
करते पार त्वरित भव-सागर।7

मुझमें ही मन को केन्द्रित कर,
मुझमें ही कर बुद्धि समर्पित,
तदनन्तर वास करोगे तुम
मुझमें, है सन्देह न किंचित।8

स्थापित कर पाये चित्त नहीं
यदि मुझमें तू अचल, धनन्जय!
कर तू योगाभ्यास निरन्तर—
होगा पूर्ण तुम्हारा आशय।9

यदि अभ्यास प्रतीत कठिन हो,
कर दो मुझको कर्म समर्पित।
मुझको ही तुम प्राप्त करोगे,
कर्म-परायण हो मेरे हित।10

मेरे योगाश्रित होकर तुम
कर न सको यदि कर्म-निवेदन,
तब तुम आत्म-अवस्थित होकर
कर्म करो, तज फल का चिन्तन।11

ज्ञान श्रेष्ठ अभ्यास से, श्रेष्ठ ज्ञान से ध्यान।
श्रेष्ठ ध्यान से त्याग है, जो चिर शान्ति-निधान।12

द्वेषरहित जो मित्र सभी का,
निर्मम-निरहंकार-करुण है,
दुःख तथा सुख में भी सम जो,
और क्षमा भी जिसका गुण है।13

आत्म-नियन्त्रण जिसका तन पर,
मन-बुद्धि सहित जो अर्पित है,
तुष्ट, सतत योगी, दृढनिश्चय–
भक्त वही मेरा प्रिय नित है।14

जग के कारण जो क्षुब्ध नहीं,
जिससे उद्विग्न नहीं जग है,
भय-हर्ष-अमर्ष-विषाद रहित–
मुझको प्रिय वह भक्त सुभग है।15

अनपेक्ष, पवित्र, अशोक, कुशल,
और सदा निश्चिन्त-विरागी,
मेरा वह भक्त मुझे प्रिय है–
जो सर्वारम्भपरित्यागी।16

जो न कभी हर्षित होता है,
रखता किसी से द्वेष नहीं,
जो शोक-अभीष्ट, शुभाशुभ का
त्यागी, प्रिय भक्त विशेष कहीं।17

सुख-पीड़ा, शीतोष्ण सहित जो
शत्रु-सखा या मान-अनादर–
सबमें सम, आसक्ति-रहित है,
मुझको है वह अतिशय प्रिय नर।18

स्तुति-निन्दा में समतुल्य, मौन, सदा संतुष्ट,
स्थिर मति, प्रिय अनिकेत नर मुझे भक्ति-सम्पुष्ट।19

श्रद्धायुक्त, परायण होकर
ये धर्म-सुधा से युक्त वचन–
वे भक्त अतीव मुझे प्रिय हैं
जो करते हैं निष्काम मनन।20

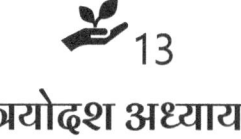

13

त्रयोदश अध्याय

क्षेत्रक्षेत्रज्ञविभाग योग

अर्जुन उवाच
केशव! प्रकृति-पुरुष, क्षेत्र तथा
क्षेत्रज्ञ किसे कहता है जग?
ज्ञान तथा ज्ञेय–इसी को मैं
सुनने का इच्छुक पूर्ण सजग।1

श्री भगवानुवाच
क्षेत्र कथित यह देह, तथा है
यह ज्ञान जिसे, क्षेत्रज्ञ विदित।
क्षेत्र तथा क्षेत्रज्ञ–इसी को
कहते हैं ज्ञानी तत्त्वसहित।2

सब क्षेत्रों में भी हे भारत!
तुम समझो क्षेत्रज्ञ मुझे ही।
क्षेत्र प्रकृति, क्षेत्रज्ञ पुरुष का
तत्त्व समझना, है ज्ञान यही।3

क्या है क्षेत्र, प्रकृति-उद्भव क्या?
कैसे होता यह परिवर्तन?
कहते क्षेत्रज्ञ जिसे, उसका
संक्षिप्त प्रभाव सुनो अर्जुन!4

ऋषियों के द्वारा विविध रीति ज्ञान यह उक्त–
श्रुति छन्द, पद ब्रह्मसूत्र– सुनिश्चित, युक्तियुक्त।5

पंच महाभूत, विवेक, अहं,
दश इन्द्रिय, मन, संस्कार, विषय
स्वर, रस, रूप, सुरभि, स्पर्श सभी–
तू क्षेत्र स्वरूप समझ परिचय।6

इच्छा-द्वेष तथा सुख-पीड़ा,
चेतन शक्ति, शरीर तथा धृति–
क्षेत्र कहे जाते हैं सारे,
जिनमें परिवर्तनशील विकृति।7

विनय-अमान, अदम्भ, अहिंसा,
गुरुजन-सेवा, क्षान्ति, सरलता,
अन्तर्मन की स्थिरता, शुचिता,
आत्म-विनिग्रह-कर्म-कुशलता।8

कर्मेन्द्रिय के भोग-विषय में
अनहंकार, अनासक्ति-वरण
जन्म-जरा-व्याधि-मरण में
नियमित दुःख तथा दोष स्मरण।9

गृह-भार्या-पुत्रादि में निर्मम, भाव निमित्त,
प्रिय-अप्रिय, इष्ट-अनिष्ट सबमें नित समचित्त।10

योग अनन्य सदा मुझमें ही,
और स्मरण नित अव्यभिचारी,
एकान्तप्रियता और अरति
उनमें जो पुरुष दुराचारी।11

आत्म-स्वरूप निरन्तर स्थिति में
तत्त्वज्ञान-सहित प्रभु-दर्शन–
यह है ज्ञान, अविद्या वह है
जो इसके प्रतिकूल नियोजन।12

जो है ज्ञेय, मनन कर जिसको
नर करता है प्राप्त अमर पद,
सत्य नहीं, न असत्य, परं जो–
वह है ब्रह्म अनादि, निरापद।13

पाणि-चरण-शिर-मुख-श्रुति-लोचन
सर्व दिशा में जिसके विस्तृत,
संसृति में एक विराट पुरुष
स्थित है सबको कर आवृत।14

सर्वेन्द्रिय-गुण बोध है, यद्यपि इन्द्रियहीन,
गुण-भोक्ता, सर्व-भर्त्ता, निर्गुण, राग-विहीन।15

सूक्ष्म, अविज्ञेय अवस्थित वह
प्राणी के बाहर-अन्तर में,
दूर-समीप सभी में व्यापक,
वह है परिपूर्ण चराचर में।16

वह है अविभक्त, विभक्त सदृश
जो प्राणी में नित्य अवस्थित।
वह है ज्ञेय, जगत का करता
सृजन, प्रलय, पालन संयोजित।17

जग में जो ज्योतित हैं, सबकी
वह है ज्योति, परे उससे तम।
ज्ञान स्वयं वह, ज्ञेय स्वयं है,
अन्तर में स्थित वह ज्ञान-सुगम।18

कहते क्षेत्र तथा ज्ञान किसे,
किसको ज्ञेय कहा जाता है–
यह सार यथार्थ समझ योगी
मेरा भाव सहज पाता है।19

जग में प्रकृति-पुरुष उभय अनादि हैं आहूत।
गुण-विषय, विकार समस्त–ये हैं प्रकृति-प्रभूत।20

गायी जाती है हेतु प्रकृति
कार्य-करण के संयोजन में।
दुःख तथा सुख के द्वन्द्वों में–
हेतु पुरुष है भोक्तापन में।21

प्रकृतिस्थ पुरुष ही भोक्ता है
गुण का, जो उत्पन्न प्रकृति से–
जन्म अधम-उत्तम पाता वह
गुण में ही आसक्ति-विरति से।22

उपद्रष्टा, अनुमन्ता है वह,
स्थित जो परम पुरुष इस तन में।
पालक और अभोक्ता, स्वामी–
वह परमात्मा है गायन में।23

बोध जिसे इस रीति पुरुष का
और गुणों के संग प्रकृति का,
कर्म-निरत होकर भी वह है
मुक्त, न बन्ध उसे संसृति का।24

आत्मा आत्म-स्वरूप का करती साक्षात्कार–
ज्ञान, कर्म या ध्यान से, निज अन्तर के द्वार।25

श्रवणपरायण मूढ़ पुरुष भी
मृत्यु उदधि को जाते हैं तर–
अन्य किसी से सुन करते हैं
जो कर्म तदनुसार निरन्तर।26

प्राणी हैं उत्पन्न जगत में
जितने भी स्थावर या जंगम–
पार्थ! प्रकट होते हैं, जब है
होता प्रकृति-पुरुष का संगम।27

दृष्टि यथार्थ वही जो देखे
समभाव सहित निज अन्तर में
स्थित अविनाशी परमेश्वर को–
इस नश्वर सर्व चराचर में।28

देखे एक सदृश ईश्वर को
जो सर्वत्र समत्व सहित स्थित–
वह न विनष्ट स्वयं को करता,
प्राप्त परम गति करता निश्चित।29

प्रकृति से निष्पादित हैं कर्म सर्वशः पार्थ!
आत्मा तो अकर्ता है, दर्शन यही यथार्थ।30

तज जीव विविध के भाव पृथक,
उसमें विस्तार समस्त निहित,
देखे जो एकस्थ सभी को–
पाता वह पद ब्रह्म सुनिश्चित।31

अव्यय और अनादि, अवस्थित
होकर भी इस मानव तन में,
निर्गुण ईश्वर कर्म न करता,
लिप्त न होता है बन्धन में।32

सूक्ष्म गगन व्यापक होकर भी
नित रहता है निर्लिप्त यथा,
तन में भी सर्वत्र अवस्थित
आत्मा होती निर्लिप्त तथा।33

जैसे रवि एक उदित होकर
करता जग सम्पूर्ण प्रकाशित,
आत्मा करती देह सचेतन
वैसे ही भ्रू-मध्य अवस्थित।34

क्षेत्र-क्षेत्रज्ञ का जान ज्ञान-नयन से भेद,
जीव-प्रकृति के बन्ध का मुक्ति हेतु विच्छेद।35

14

चतुर्दश अध्याय

गुणत्रयविभाग योग

श्री भगवानुवाच
वह ज्ञान पुनः समझाऊँगा,
ज्ञानों में उत्तम ज्ञान परम;
होते मुक्त मनीषी जग से
पाकर जिससे सिद्धि परम।1

मेरे सदृश प्रकृति जो धारण
करता होकर ज्ञान उपाश्रित,
आदि सृजन में जन्म न लेता,
और प्रलय में होता न व्यथित।2

योनि महत्-ब्रह्म प्रकृति, जिसमें
मैं करता हूँ गर्भ-निषेचन।
हे भारत! तदनन्तर होता
सम्भव है इस जग में जीवन।3

जीव सर्व योनियों में जो होते उत्पन्न–
महत्-ब्रह्म जननी, पिता मैं बीजप्रद आसन्न।4

सत्त्व, रजोगुण और तमोगुण
होते हैं उत्पन्न प्रकृति से—
अविनाशी आत्मा इस तन में
बँध जाती जिनकी संगति से।5

निर्मलता के कारण होता
सत्त्व निरामय और प्रकाशक।
ज्ञान तथा सुख का संग सतत
बनता है बन्धन का कारक।6

राग-स्वरूप रजो का होता
संग तथा तृष्णा से उद्भव—
कर्म तथा फल के बन्धन का
जिससे करती आत्मा अनुभव।7

तमोगुण अज्ञान-जनित, जान मोह का मूल।
निद्रा-प्रमाद-आलस्य, ये तीन बन्ध स्थूल।8

सत्त्व नियोजित करता सुख में,
और रजोगुण कर्म-निबन्धित।
हर कर ज्ञान, प्रमाद तमोगुण
भरता है आत्मा में कलुषित।9

सत्त्व, रजो और तमोगुण में,
वृद्धि सतोगुण की होती जब—
अन्तर में अभिभूत रजोगुण
और तमोगुण होते हैं तब।10

इस देह तथा अन्तर्मन में
जब होता ज्ञान-प्रकाश उदित,
वृद्धि सतोगुण की होती है
तब सहज-सुलभ, सर्वत्र-विदित।11

रजोगुण के बढ़ने पर होती ये उत्पत्ति–
लोभ, स्पृहा, सकाम कर्म, अशान्ति और प्रवृत्ति।12

वृद्धि तमोगुण की होने से
अज्ञान-तिमिर होता आवृत।
मोह, प्रमाद, अरुचि, निद्रा का
अर्जुन! होता जन्म सुनिश्चित।13

यदि प्राप्त प्रलय को होती है
जो आत्मा सत्त्व-प्रवर्द्धन पर,
वह उत्तम ज्ञानी आत्मा है
पाती लोक विमल तदनन्तर।14

यदि हो प्रलय रजोगुण में, तब
होता कर्म-नियति का बन्धन।
प्रलय तमोगुण के वश हो, तब
मिलता जीवन मूढ़ अकिंचन।15

श्रेष्ठ कर्म का फल विदित सुख सात्विक अम्लान।
फल रजोगुण का दुःखद, तामस का अज्ञान।16

ज्ञान सतो से, लोभ रजो से,
उपजे अज्ञान तमोगुण से।
अवगुण मोह, प्रमाद उपजते
अज्ञान-अनन्तर दारुण-से।17

सात्त्विक नर करते ऊर्ध्व-गमन,
राजस रहते मध्य पटल पर।
गुण-वृत्ति जघन्य तमोगुण में–
होती प्राप्त अधोगति चल कर।18

कर्ता कोई अन्य नहीं है
अतिरिक्त त्रिगुण के, और परे
मैं सर्व गुणों से–ऐसा ही
द्रष्टा मुझको चिर प्राप्त करे।19

कर पार प्रकृति के त्रिगुण, पुरुष अमिय से युक्त–
जन्म-मरण, पीड़ा-जरा आदि द्वन्द्व से मुक्त।20

अर्जुन उवाच
त्रिगुणातीत पुरुष के होते
क्या आचार तथा क्या लक्षण?
त्रिगुणातीत मनुज कैसे हो,
विषयों का तज कर आकर्षण?21

श्री भगवानुवाच
ज्ञान सतोगुण, कर्म रजोगुण,
या मोह तमोगुण की परिमिति में–
न उपस्थिति से जो द्वेष करे,
इच्छा न रखे अनुपस्थिति में।22

साक्षी के सदृश अवस्थित जो,
वह न गुणों से होता विचलित।
नित्य अचल वह बोध जिसे है–
गुण गुण में होते अनुवर्तित।23

स्वस्थ, धीर के हेतु सम लोष्ट, अश्म या हेम।
स्तुति-निन्दा, सुख-दुःख हो, द्वेष-भाव या प्रेम।24

मान-निरादर, शत्रु-सखा सब
जिसके हेतु निरन्तर हैं सम–
सर्वारम्भपरित्यागी वह
तज कर्तापन करता उद्यम।25

मेरी स्मृति में नित रत रहता
जो अव्यभिचारी प्रेमसहित,
त्रिगुणातीत पुरुष होता है
योग्य परम पद के वह निश्चित।26

मैं ही ब्रह्म अनन्त-अमर का,
धर्म सनातन का हूँ आश्रय।
मैं ही हूँ ऐकान्तिक सुख का
जग में अधिकोष परम अक्षय।27

15
पंचदश अध्याय

पुरुषोत्तम योग

श्री भगवानुवाच
सृष्टि-विटप का स्कन्ध अधोमुख,
ऊर्ध्व अवस्थित मूल चिरन्तन,
वेद विविध जिसके पल्लव हैं–
तरु अव्यय कहते ज्ञानी जन।1

विषय-प्रवाल सहित, गुण-वर्धित–
ऊर्ध्व-अध: शाखाएँ विस्तृत।
और मनुष्य-जगत में नीचे
करते कार्मिक पाश निबन्धित।2

अन्त न आदि, स्वरूप विटप का
अस्थिर, परिवर्ती प्राप्त यहाँ।
कर छिन्न विरति असि से, इसका
जो मूल सुदृढ़ है व्याप्त यहाँ।3

जिससे प्रवृत्ति पुरातन विस्तृत, उस
आदि पुरुष की कर प्राप्त शरण–
लौट न ल आना हो जिस पद को
पाकर, पार्थ! करो अन्वेषण।4

आत्म-रूप, मद-मोह से रहित, विरत, निष्काम—
ज्ञानी द्वन्द्व-विमुक्त हो, जाते अव्यय धाम।5

सूर्य-शशांक, न पावक से ही
वह है मेरा धाम प्रकाशित।
नित ज्योतित वह धाम, पहुँच कर
आत्मा होती है न निवर्तित।6

जीवात्मा इस भौतिक जग में
मेरा है प्रतिरूप सनातन—
स्थित हो जिससे देह-प्रकृति में
मन-पंचेन्द्रिय पाते स्पन्दन।7

ले जाता है अन्यत्र कहीं
जिस रीति ग्रहण कर गन्ध पवन,
आत्मा लेती संस्कार-सहित
नूतन तन, तज देह पुरातन।8

श्रोत्र, नयन, रसना, घ्राण, त्वचा—
पंचेन्द्रिय का ले अवलम्बन,
मन के द्वारा यह जीवात्मा
भोग-विषय का करती सेवन।9

विषय गुणान्वित भोगती, तन-स्थित या उत्क्रांत—
आत्मा का बोध होता ज्ञान-नयन उपरान्त।10

योगी करते यत्न, तदन्तर
आत्मा का पाते हैं परिचय।
कर यत्न अपरिचित रहते हैं
अज्ञानी किन्तु अशुद्ध हृदय।11

सम्पूर्ण जगत को रवि का जो
तेज प्रकाशित करता है नित–
उसको मेरा ही तेज समझ,
जो चन्द्र-अनल में तेज निहित।12

करता हो आविष्ट धरा में
ओज-सहित मैं जीवन धारण,
चन्द्र रसात्मक बन करता हूँ
सर्व वनस्पतियों का पोषण।13

प्राण-अपान सहित वैश्वानर
बनकर मैं जीवों के तन में,
करता हूँ सहयोग निरन्तर
अन्न चतुर्विध के पाचन में।14

स्मृति-ज्ञान-अपोहन युक्त, स्थित सबके हृद्देश–
वेदान्त-कृती, वेद-विद, मैं वेदों का उद्देश।15

क्षर-अक्षर, नश्वर-अविनाशी,
उभय पुरुष उपलब्ध भुवन में–
क्षर है जो आसक्त प्रकृति में,
अक्षर कूटस्थ सदा तन में।16

अन्य पुरुष है उत्तम इनसे,
परमात्मा कह करते वर्णन–
त्रिभुवन में आविष्ट स्वयं हो
अव्यय ईश्वर करता पोषण।17

क्षर से नित्य अतीत, तथा मैं
अक्षर में भी सर्वोत्तम हूँ।
मैं ही वेद तथा वसुधा में
अतएव प्रथित पुरुषोत्तम हूँ।18

हे अर्जुन! जो ज्ञानी मुझको
पुरुषोत्तम इस रीति समझता,
सम्बन्ध सभी मुझसे ही रख,
वह सर्वज्ञ पुरुष नित भजता।19

उपर्युक्त है गुह्यतम शास्त्र अनघ हे पार्थ!
जान जिसे होता मनुज ज्ञानी और कृतार्थ।20

16

षोडश अध्याय

दैवासुर संपद्धिभाग योग

श्री भगवानुवाच
निर्भयता, अन्तः करण विमल,
ज्ञान तथा योग-व्यवस्थित मन,
यज्ञ-समर्पण, चित्त-सरलता,
स्वाध्याय, तपस्या, दान, दमन।1

सत्य, अहिंसा, शान्ति, दया
त्याग, अलोलुपता, ह्री, मृदुता,
अन्तर में शेष न हो किंचित
क्रोध, पिशुनता और चपलता।2

तेज, क्षमा, धैर्य, अद्रोह, शुचिता, निरभिमान–
दैवी सम्पद से युक्त पुरुष के गुण प्रधान।3

अज्ञान, क्रोध, रुक्षता, दम्भ, दर्प, अभिमान–
आसुरी सम्पद के हैं लक्षण ये अति म्लान।4

दैवी सम्पद है मोक्षप्रद,
और अपर सम्पद है बन्धन।
शोक न कर, दैवी सम्पद को
प्राप्त हुआ है, हे कुरुनन्दन!5

प्राणी देव-असुर सम्पद के
होते हैं दो पार्थ! धरा पर।
दैवी सम्पद के बाद, सुनो
मुझसे विस्तृत वृत्ति-निशाचर।6

प्रवृत्ति और निवृत्ति का नहीं असुर को ज्ञान–
सत्य न शौच, न आचरण उनका कर्म-विधान।7

आश्रयहीन, असत्य है, रचित अनीश्वर सृष्टि।
सृजन अकारण काम-वश– यही आसुरी दृष्टि।8

मिथ्या ज्ञान अनुसरण कर के
आत्मा नष्ट हुई, मति कुण्ठित–
उग्र क्रिया-रत जन अपकारी
होते जग के क्षय को सज्जित।9

दुष्पूर मनोरथ के आश्रित
नित दम्भ वृथा नर भरते हैं–
सिद्धान्त असत्य ग्रहण कर के
मोहित नर भ्रष्ट विचरते हैं।10

अपरिमित चिन्ताओं में निरत प्रलय-पर्यन्त–
विषय-भोग को मानते असुर हैं सुख अनन्त।11

धन-संचय अन्याय से विषय-भोग-सम्बद्ध–
करते काम-क्रोध निरत, आशा-पाश-निबद्ध।12

यह वस्तु उपार्जित आज हुई,
कर लूँगा प्राप्त मनोरथ यह।
यह मेरा है, कल प्राप्त पुनः
मुझको ही होगा धन-संग्रह।13

मेरे द्वारा यह शत्रु निहत,
कल भी मुझसे हन्तव्य सभी।
मैं हूँ ईश्वर, मैं हूँ भोगी,
बलवान-सुखी मैं भव्य अभी।14

कौन है मेरे समान– आढ्य, कुटुम्ब विशाल?
यज्ञ-दान-आमोद का मैं ही हूँ प्रतिपाल।15

अज्ञान-मोहित, भ्रान्त मन, मोह-जाल में ग्रस्त–
विषय-भोग में लीन हो पाते नरक म्लान।16

धन-अभिमान उभय के मद में
जो आत्म-विमुग्ध, अचम्भित हैं,
दम्भ सहित, विधिहीन यजन वे
करते यज्ञ विविध नामित हैं।17

काम-अमर्ष-अहं-बल-मद के
वश करते नित जो परनिन्दा।
अपने और पराये तन में
रखते हैं मुझसे द्वेष सदा।18

ईर्ष्यालु, पापाचारी, मनुज नराधम, क्रूर–
जन्म आसुरी योनि में लेते, मुझसे दूर।19

पतित आसुरी योनि में, जन्म-जन्म वे मूढ़–
करते, मुझसे हो विमुख, प्राप्त अधम गति गूढ़।20

काम, क्रोध तथा लोभ त्रिविध
करते आत्मा का नाश त्वरित।
ये द्वार नरक के तीन, अतः
इन तीनों का है त्याग उचित।21

इन तीन नरक के द्वारों से
कौन्तेय! विमुक्त पुरुष होकर,
करता प्राप्त परमगति को द्रुत–
श्रेयस्कर आचरण सदा कर।22

करता विधि को त्याग जो उच्छृंखल व्यवहार–
सिद्धि न प्राप्त, न परमगति, वंचित सुख का सार।23

शास्त्र-प्रमाण हैं नियत, कर्तव्य या निषिद्ध।
ज्ञानयुक्त तू कर्म कर शास्त्र-नियम से सिद्ध।24

17

सप्तदश अध्याय

श्रद्धात्रयविभाग योग

अर्जुन उवाच
तज शास्त्र-विहित विधि, नर करते
जो भक्ति सुरों की श्रद्धान्वित,
पूजन उनका सात्त्विक, राजस
या तामस में होता वर्णित?1

श्री भगवानुवाच
स्वाभाविक श्रद्धा के होते
हैं तीन प्रकारान्तर, अर्जुन!
सात्त्विक, राजस, तामस– इनकी
विस्तृत व्याख्या तू मुझसे सुन।2

सबकी श्रद्धा नियमित उनके
अन्तर्मन के अनुरूप रही।
यह पुरुष सदा श्रद्धामय है–
जैसी श्रद्धा, तद्रूप वही।3

सात्त्विक सुर को पूजते, राजस राक्षस-यक्ष।
प्रेत-भूत में तामसिक रखते पूजन-लक्ष।4

इच्छा, आसक्ति तथा बल के
होते हैं अभिमानी जो जन—
दम्भ-अहंकार सहित जो नर
करते तप शास्त्र-निषिद्ध सघन।5

जो काया में स्थित प्राणी को,
अन्तर में स्थित मुझ ईश्वर को
कृश करता है बन अज्ञानी—
असुर-स्वभाव समझ उस नर को।6

भोजन भी निज त्रिविध प्रकृति के
अनुरूप सभी को है रुचिकर।
यज्ञ, तपस्या, दान त्रिविध सब—
यह भेद सुनो तन्मय होकर।7

आयु, बुद्धि, बल आरोग्य, और बढ़े सुख-प्रीति,
स्निग्ध, सरस, स्थिर, मनोहर, भोजन सात्त्विक रीति।8

कटु-अम्ल-लवणयुत, तीक्ष्ण तथा
अति रुक्ष, सुतप्त, दहनकारी—
राजस जन के प्रिय भोजन हैं,
जो दुःखद, व्याधि-व्यथाकारी।9

बासी, उच्छिष्ट, अशुद्ध तथा
जो रसहीन, अपक्व, प्रदूषित,
ऐसा आहार तमोगुण से
युक्त पुरुष को करता कर्षित।10

विधिपूर्वक, कर्तव्य समझकर,
निज मन में दृढ़ता कर धारण–
जो पुरुष न फल की इच्छा रख
यज्ञ करे, वह सात्त्विक पोषण।11

फल की लालसा से हो, यदि उसका आरम्भ–
अर्जुन! राजस यज्ञ वह, करे प्रदर्शित दम्भ।12

श्रद्धा से परिपूर्ण नहीं हो,
विधि से हीन, न हो अभिमन्त्रित,
शस्य-रहित हो दान जहाँ, वह
यज्ञ सदा तामस है वर्णित।13

गुरु, ज्ञानी, द्विज, देव निवेदन–
प्रेमसहित करना यह दैनिक,
शौच, सरलता, इन्द्रिय-निग्रह,
और अहिंसा तप शारीरिक।14

हितकारी, प्रिय, सत्य वचन हो–
सुनकर उद्वेगित हो न हृदय,
स्वाध्याय तथा अभ्यास सतत–
इनको ही कहते तप वाङ्मय।15

मन प्रफुल्ल हो, सौम्य हो, आत्म-विनिग्रह, मौन,
भावजन्य संशुद्धि हो, मानस तप सम कौन?16

निष्काम, परम श्रद्धा से युत,
मानस, वाङ्मय, तप शारीरिक—
करते योगी त्रिविध तपस्या,
उस तप को कहते हैं सात्त्विक।17

दम्भ-सहित करते जिस तप को,
मान, समादर, पूजन के हित—
उस तप को राजस कहते हैं,
फल क्षणभंगुर और अनिश्चित।18

करते मूढ दुराग्रह के वश,
मन, वाणी, तन को कर पीड़ित,
पर-उत्सादन के हेतु जिसे—
तामस है वह यज्ञ उदाहृत।19

देश, काल या पात्र के हो सुयोग्य दातव्य,
अनुपकारी के प्रति ही सत्त्व-दान कर्तव्य।20

फल पाने की प्रत्याशा में,
या प्रत्युपकार-प्रयोजन से—
क्लेश जिसे देकर उपजे, वह
राजस है दान, विवेचन से।21

देश न काल विचारित कर, हो
दान कुपात्र पुरुष को लक्षित—
अपमान-अवज्ञापूर्वक है
वह जो तामस दान तिरस्कृत।22

ॐ, तत्, सत्,–ऐसे नाम त्रिविध
परमेश्वर के हेतु उच्चारित।
ब्राह्मण, यज्ञ तथा श्रुति सारे
उस के ही द्वारा हैं विरचित।23

श्रेष्ठ पुरुष निज कर्म का, नियत यज्ञ, तप, दान–
ओम्-ध्वनि के नाद से ही नित करते सन्धान।24

'तत्' अर्थात् सर्वस्व तुम्हारा–
रख यह भाव मुमुक्षु निरन्तर,
तप, यज्ञ तथा दान क्रियाएँ
करते फल की इच्छा तजकर।25

सत्य तथा जो श्रेष्ठ जगत में
'सत्' सूचक है उस आशय का।
'सत्' शब्द पुनः परिचायक है
उत्तम-शुभ कर्म-सदाशय का।26

तप, यज्ञ, तथा दान-क्रिया में,
जो स्थिति होती, वह 'सत्' वर्णित।
वह भी 'सत्' का बोधक है, जो
ईश्वर के प्रति कर्म समर्पित।27

दान, हवन, तप, कर्म है जो श्रद्धा से हीन,
इहलोक न परलोक में, वह 'असत्' समीचीन।28

18

अष्टादश अध्याय

मोक्षसंन्यास योग

अर्जुन उवाच

त्याग और संन्यास के पृथक्-पृथक् जो तत्त्व–
हृषिकेश! समझाइये उनका मुझे महत्त्व।1

श्री भगवानुवाच

काम्य कर्म के त्याग को कवि कहते संन्यास।
सर्व कर्म-फल त्याज्य हैं, कुछ का यह विश्वास।2

दोषयुक्त सब कर्म हैं, कहते कुछ विद्वान।
कहते अन्य, न त्याज्य हैं तप, यज्ञ और दान।3

सर्वप्रथम तो त्याग-विषय में
मेरा निश्चित मत हे अर्जुन!
परिभाषित जो त्याग त्रिविध है–
हे पुरुष प्रवर! तू मुझसे सुन।4

यज्ञ-तपस्या-दान सभी हैं
त्याज्य नहीं, कर्तव्य अपेक्षित।
तीनों कर्म मनीषी जन को
करते हैं पावन-परिमार्जित।5

यज्ञ-तपस्या-दान सभी को
आसक्ति तथा फल को तज कर,
मेरा यह निश्चित उत्तम मत—
करना है कर्तव्य समझ कर।6

निर्धारित कर्तव्य का योग्य नहीं संन्यास—
तामस त्याग मोह-जनित, करे बुद्धि का ह्रास।7

तन-पीड़ा से भीत हो, कर्म दुःखद सब जान—
मिलता राजस त्याग का किन्तु नहीं प्रतिदान।8

अनासक्त, फल त्याग कर, कार्य नियत निज जान—
निष्पादित जो कर्म वह सात्त्विक त्याग महान।9

आसक्ति न कर्म-कुशलता में,
अकुशल से जिसको द्वेष नहीं—
मेधावी, त्यागी, सत्त्व-गुणी,
वह संशयहीन विशेष कहीं।10

मानव-जीवन में कर्मों का
पूर्णतया है त्याग असम्भव।
कर्मों के फल का त्यागी ही
कहलाता है त्यागी अभिनव।11

कर्मासक्त त्रिविध पाता है
इष्ट, अनिष्ट तथा मिश्रित फल।
संन्यासी जग में, मरणोत्तर—
पाता फल न परन्तु किसी पल।12

सब कर्मों की सिद्धि के, पाँच हेतु सुन पार्थ!
वर्णित हैं जो साङ्ख्य में, कर्म-विलय के अर्थ।13

अधिष्ठान, कर्ता, तथा भेद करण के भिन्न,
चेष्टाएँ बहु भाँति की, दैव भी अविच्छिन्न।14

करता है जो कर्म नर, न्यायिक या प्रतिकूल।
मन, वाणी या देह से, हेतु पाँच ही मूल।15

ऐसा होने पर भी जिनकी
होती बुद्धि नहीं निर्मल,
दुर्मति यह अनुभव करते हैं–
ईश्वर ही है कर्ता केवल।16

बुद्धि न जिनकी लिप्त जगत में
और न जिनमें कर्तापन है,
संहार जगत का करके भी
हन्तार नहीं, वह निर्बन्धन।17

ज्ञान तथा ज्ञेय, परिज्ञाता–
तीन यही कर्मों के कारक।
कर्ता-कर्म-करण– संग्रह हैं,
सब कर्मों के ये तीन घटक।18

ज्ञान, कर्म और कर्ता, इनके तीन प्रकार–
इस विषय में मुझसे सुन, गुण-संङ्ख्या अनुसार।19

विभक्त में अविभक्त को, प्राणिमात्र में जान–
देखे अव्यय भाव से, वह है सात्त्विक ज्ञान।20

पृथक् भाव से सर्व का जो करता है बोध–
राजस है ज्ञान जिसमें हैं विभिन्न अवरोध।21

जो तन में ही सम्पूर्णतया
बनकर कार्य-स्वरूप नियोजित–
तामस है वह ज्ञान अकिंचन
आसक्त, अकारण, तत्त्वरहित।22

फल की इच्छा का हीन तथा
जिसमें राग न द्वेष समाहित–
सात्त्विक कर्म नियत होता है,
संग-रहित होकर निष्पादित।23

जग में जो कर्म पुरुष करता
फल की इच्छा और अहं से,
वह कर्म कहा जाता राजस–
होता जो कर्म बहुत श्रम से।24

अनुबन्ध, क्षय, हिंसा का, न पौरुष का विचार–
मोह से उत्पन्न कर्म तामस सर्व प्रकार।25

धैर्य और उत्साह से युक्त, संग से मुक्त,
अविचल सिद्धि-असिद्धि में सात्त्विक कर्ता उक्त।26

कर्म-फल आतुर, रागी, मन में हर्ष-विषाद–
लोलुप, हिंस्र, अशुद्ध जो, राजस वह निर्वाद।27

हठपूर्ण, कुटिल, अत्याचारी,
अनुशासन से हीन, अशिक्षित,
दीर्घसूत्री, अलस, दुःखी जो–
वह कर्ता तामस है निश्चित।28

बुद्धि तथा धृति का भेद त्रिविध
गुण के अनुसार पृथक्शः सुन–
मेरे द्वारा सम्पूर्णतया
उद्घाटित वर्णन हे अर्जुन!29

जो बुद्धि प्रवृत्ति-निवृत्ति तथा
कर्तव्य-अकर्तव्य, अभय-भय,
बन्धन-मोक्ष सभी में देखे
सच, वह सात्विक बुद्धि धनञ्जय!30

बोध न कार्य-अकार्य है, अथवा धर्म-अधर्म–
बुद्धि राजसी जानती नहीं यथावत् मर्म।31

धर्म यथार्थ अधर्म को, सब अकार्य को कार्य–
नित देखे विपरीत जो, बुद्धि तामसी आर्य!32

धारण करती योग से कर्मेन्द्रिय, मन, प्राण–
अव्यभिचारिणी है वह सात्विकी धृति प्रमाण।33

फल की इच्छा रख कर मानव
धारण करता आसक्ति सहित
धर्म, विषय-सुख, अथवा धन को–
जिस धृति से, वह राजस वर्णित।34

जिस धृति से धारण करते हैं
निद्रा, शोक-विषाद, अहं, भय–
दुर्मति करते त्याग न जिसका,
अर्जुन! वह तामस धृति निश्चय।35

अब सुख के तीन प्रकार यहाँ,
मुझसे हे भरतर्षभ! तू सुन–
कर अभ्यास रमण करता नर,
होते दुःख विसर्जित अर्जुन!36

गरल-तुल्य आरम्भ में, अमिय-सदृश निष्कर्ष–
आत्मिक बुद्धि-प्रसाद से सात्त्विक सुख उत्कर्ष।37

विषय-इन्द्रिय के मेल से राजस सुख का भाव–
आदि सुधोपम, अन्त में विष के सदृश प्रभाव।38

निद्रा, आलस्य, प्रमाद जिस सुख का हैं मूल–
मोहित आद्योपान्त हो आत्मा करती भूल।39

प्रकृति-जनित इन तीन गुणों से
देव न दानव, भूमि न अम्बर–
मुक्त कदाचित् सत्त्व न कोई,
रिक्त नहीं है कोई परिसर।40

ब्राह्मण, क्षत्रिय, वैश्य, शूद्र, हैं
सभी वर्णों के कर्म विभाजित–
निज संस्कार-स्वभाव जनित
गुण-लक्षण पर ही आधारित।41

निग्रह, दमन, तपस्या, शुचिता
ईश्वर पर श्रद्धा, क्षान्ति, सरलता,
ज्ञान-मनन, विज्ञान-विमोचन–
ब्राह्मण कर्म-स्वभाव-कुशलता।42

शौर्य, तेज, धृति, दक्षता, दृढ़तापूर्वक युद्ध,
दान, प्रजा-पालन तथा क्षात्र कर्म ये शुद्ध।43

कृषि, वाणिज्य, गो-पालन ये हैं वैश्य-स्वभाव।
परिचर्यात्मक शूद्र हैं जिनमें सेवा भाव।44

अभिरत निज-निज कर्म में परम सिद्धि को प्राप्त–
नर होता जिस रीति से वह विधि सुन पर्याप्त।45

जिससे उत्पन्न चराचर है,
जिससे परिपूर्ण समस्त जगत–
ईश्वर को कर कर्म समर्पित
सिद्धि मनुज पाता है शाश्वत।46

श्रेष्ठ स्वधर्म विगुण होकर भी
परधर्म अनुष्ठित से होता।
करके कर्म स्वभाव-नियत निज
पाप मनुज को प्राप्त न होता।47

कर्म सदोष सभी, धूमावृत
जैसे है पावक जल कर भी।
कर्म सहज का त्याग तदपि
अर्जुन! अनुचित है पल भर भी।48

जितात्मा, निष्काम पुरुष, जिसकी बुद्धि असक्त-
सिद्धि परम नैष्कर्म्य है त्याग से अभिव्यक्त।49

सिद्धि ज्ञान-परानिष्ठा, ब्रह्म प्राप्ति रख ध्येय-
मुझसे सुन संक्षेप में, वह विधि हे कौन्तेय!50

तजकर शब्द आदि विषय, राग-द्वेष कर ध्वस्त,
धृति से मन कर संयमित, बुद्धि शुद्ध विन्यस्त।51

संयम रख मन-वाणी-तन पर
जो ध्यान तथा योग परायण,
एकान्तप्रिय, अल्पाहारी,
वैराग्य उपाश्रित है प्रति क्षण।52

बल, दर्प, अहंकार, परिग्रह,
काम, अमर्ष सभी को तजकर,
ममतारहित, प्रशान्त पुरुष वह
पाता ब्रह्म परम पद सत्वर।53

ब्रह्मस्वरूप प्रसन्नात्मा के
शेष न रहते शोक-मनोरथ।
सर्व चराचर में सम, करता
प्राप्त परम मम प्रेम भगीरथ।54

जिस रूप में, जितना हूँ, तत्त्वसहित यह ज्ञान-
प्रेम से मुझे जान पुरुष होता अन्तर्धान।55

मेरे परायण होकर सर्व कर्म में लीन,
होता है नर सनातन, अव्यय पद आसीन।56

कर संन्यस्त समस्त नित मुझको निज व्यापार,
चित्त निज अर्पित कर, ले बुद्धियोग-आधार।57

चलकर मन्तव्य अनुग्रह पर
हर संकट तू पार करेगा।
हठ से किन्तु न वचन सुनेगा,
अपना ही संहार करेगा।58

"मैं न करूँगा रण"– यदि ऐसा
मत हठ के वश करता निश्चित।
तो है झूठ, स्वभाव तुम्हारा
कर ही देगा युद्ध-नियोजित।59

कर्म न करने के इच्छुक हो
मोहित होकर तुम इस क्षण में–
कर्म स्वभाव-निबद्ध करेगा
किन्तु वही तू परवश रण में।60

प्राणी के हृद्देश में, देह-यन्त्र आरूढ़–
आत्मा करती भ्रमित है माया के वश मूढ़।61

उसी एक की शरण ले सर्व भाव से पार्थ!
जिस कृपा में शान्ति परम, शाश्वत पद निहितार्थ।62

ज्ञान गुह्य से गुह्यतर मुझसे यह आख्यात।
कर्म यथेच्छ कर समुचित मन्थन के पश्चात।63

मेरा तू इष्ट अतीव, अतः
तेरे हेतु कहूँगा अर्जुन!
तू मुझसे मेरे ये हितकर
गुह्यतम महावाक्य पुनः सुन।64

प्रेम समर्पित, कर्म नियोजित,
स्मरण सदा रख मुझको मन में–
सत्य प्रतिज्ञा मेरी, प्रिय तू,
मुझको होगा प्राप्त भुवन में।65

सब धर्मों को त्याग विनाशी,
आओ मेरी एक शरण में।
शोक न कर, मैं मुक्त करूँगा
सब पापों से तुझको क्षण में।66

तपस्वी न समर्पित जो, रुचि न जिसे या अर्थ–
निन्दा जो मेरी करे, दान उसे यह व्यर्थ।67

परम गुह्य इस ज्ञान का, साधु पुरुष को दान–
करता जो, है प्रिय मुझे, तनिक न संशय मान।68

मनुष्य मात्र में उससे प्रिय न मुझे है अन्य–
जग में होगा न उससे प्रियतर भी अनुमन्य।69

निष्ठा से अध्ययन करेगा
जो यह शुभ संवाद हमारा,
मेरा मत है, ज्ञानयज्ञ से
इष्ट पुनः मैं उसके द्वारा।70

ईर्ष्याहीन पुरुष श्रद्धा से
कर लेगा यदि मात्र श्रवण भी,
होकर मुक्त, करेगा वह तो
पुण्य जगत में जीवन धारण।71

हे अर्जुन! क्या ये वचन किये
तूने होकर एकाग्र श्रवण?
क्या मोह धनञ्जय! नष्ट हुआ,
क्या और हुआ अज्ञान हरण?72

अर्जुन उवाच
मोह विनष्ट, स्मृति में स्थित, मैं हूँ गतसन्देह।
पूर्ण करूँगा अब वचन, पाकर तेरा स्नेह।73

संजय उवाच
भगवान-पार्थ के मध्य मैंने सुना सम्वाद।
अद्भुत, रोमहर्षण है अनुभव, यह आह्लाद।74

ऋषि व्यास के प्रसाद से सुना गुह्य यह ज्ञान—
योग सिखा रहे सम्मुख योगेश्वर भगवान।75

केशव-अर्जुन के मध्य हुआ
यह अद्भुत सम्वाद शुभंकर,
स्मरण पुनः कर हर्षित होते
हैं मेरे मन-प्राण निरन्तर।76

राजन्! सिमर-सिमर ईश्वर का
अति अद्भुत वह रूप हृदय में,
हर्षित होता हूँ, भर जाता
मेरा चित्त पुनः विस्मय में।77

योगेश्वर हैं भगवान जहाँ,
गाण्डीव धनुर्धारी अर्जुन–
श्री-विजय-विभूति तथा अविचल
है नीति वहाँ, हे राजन्! सुन।78

अनुक्रमणिका

श्रीमद्भगवद्गीता

(मूल संस्कृत; अध्याय 1-18)

1

अथ प्रथमोऽध्यायः।

अर्जुनविषादयोगः

धृतराष्ट्र उवाच
धर्मक्षेत्रे कुरुक्षेत्रे समवेता युयुत्सवः।
मामकाः पाण्डवाश्चैव किमकुर्वत सञ्जय॥1.1॥

सञ्जय उवाच
दृष्ट्वा तु पाण्डवानीकं व्यूढं दुर्योधनस्तदा।
आचार्यमुपसङ्गम्य राजा वचनमब्रवीत्॥1.2॥

पश्यैतां पाण्डुपुत्राणामाचार्य महतीं चमूम्।
व्यूढां द्रुपदपुत्रेण तव शिष्येण धीमता॥1.3॥

अत्र शूरा महेष्वासा भीमार्जुनसमा युधि।
युयुधानो विराटश्च द्रुपदश्च महारथः॥1.4॥

धृष्टकेतुश्चेकितानः काशिराजश्च वीर्यवान्।
पुरुजित्कुन्तिभोजश्च शैब्यश्च नरपुङ्गवः॥1.5॥

युधामन्युश्च विक्रान्त उत्तमौजाश्च वीर्यवान्।
सौभद्रो द्रौपदेयाश्च सर्व एव महारथाः॥1.6॥

अस्माकं तु विशिष्टा ये तान्निबोध द्विजोत्तम।
नायका मम सैन्यस्य संज्ञार्थं तान्ब्रवीमि ते।।1.7।।

भवान्भीष्मश्च कर्णश्च कृपश्च समितिञ्जयः।
अश्वत्थामा विकर्णश्च सौमदत्तिस्तथैव च।।1.8।।

अन्ये च बहवः शूरा मदर्थे त्यक्तजीविताः।
नानाशस्त्रप्रहरणाः सर्वे युद्धविशारदाः।।1.9।।

अपर्याप्तं तदस्माकं बलं भीष्माभिरक्षितम्।
पर्याप्तं त्विदमेतेषां बलं भीमाभिरक्षितम्।।1.10।।

अयनेषु च सर्वेषु यथाभागमवस्थिताः।
भीष्ममेवाभिरक्षन्तु भवन्तः सर्व एव हि।।1.11।।

तस्य संजनयन्हर्षं कुरुवृद्धः पितामहः।
सिंहनादं विनद्योच्चैः शङ्खं दध्मौ प्रतापवान्।।1.12।।

ततः शङ्खाश्च भेर्यश्च पणवानकगोमुखाः।
सहसैवाभ्यहन्यन्त स शब्दस्तुमुलोऽभवत्।।1.13।।

ततः श्वेतैर्हयैर्युक्ते महति स्यन्दने स्थितौ।
माधवः पाण्डवश्चैव दिव्यौ शङ्खौ प्रदध्मतुः।।1.14।।

पाञ्चजन्यं हृषीकेशो देवदत्तं धनंजयः।
पौण्ड्रं दध्मौ महाशङ्खं भीमकर्मा वृकोदरः।।1.15।।

अनन्तविजयं राजा कुन्तीपुत्रो युधिष्ठिरः।
नकुलः सहदेवश्च सुघोषमणिपुष्पकौ।।1.16।।

काश्यश्च परमेष्वासः शिखण्डी च महारथः।
धृष्टद्युम्नो विराटश्च सात्यकिश्चापराजितः।।1.17।।

द्रुपदो द्रौपदेयाश्च सर्वशः पृथिवीपते।
सौभद्रश्च महाबाहुः शङ्खान्दध्मुः पृथक्पृथक्।।1.18।।

स घोषो धार्तराष्ट्राणां हृदयानि व्यदारयत्।
नभश्च पृथिवीं चैव तुमुलो व्यनुनादयन्।।1.19।।

अथ व्यवस्थितान्दृष्ट्वा धार्तराष्ट्रान्कपिध्वजः।
प्रवृत्ते शस्त्रसंपाते धनुरुद्यम्य पाण्डवः।।1.20।।

हृषीकेशं तदा वाक्यमिदमाह महीपते।
अर्जुन उवाच
सेनयोरुभयोर्मध्ये रथं स्थापय मेऽच्युत।।1.21।।

यावदेतान्निरीक्षेऽहं योद्धुकामानवस्थितान्।
कैर्मया सह योद्धव्यमस्मिन्रणसमुद्यमे।।1.22।।

योत्स्यमानानवेक्षेऽहं य एतेऽत्र समागताः।
धार्तराष्ट्रस्य दुर्बुद्धेर्युद्धे प्रियचिकीर्षवः।।1.23।।

संजय उवाच
एवमुक्तो हृषीकेशो गुडाकेशेन भारत।
सेनयोरुभयोर्मध्ये स्थापयित्वा रथोत्तमम्।।1.24।।

भीष्मद्रोणप्रमुखतः सर्वेषां च महीक्षिताम्।
उवाच पार्थ पश्यैतान्समवेतान्कुरूनिति।।1.25।।

तत्रापश्यत्स्थितान्पार्थः पितृनथ पितामहान्।
आचार्यान्मातुलान्भ्रातृन्पुत्रान्पौत्रान्सखींस्तथा।।1.26।।

श्वशुरान्सुहृदश्चैव सेनयोरुभयोरपि।
तान्समीक्ष्य स कौन्तेयः सर्वान्बन्धूनवस्थितान्।।1.27।।

कृपया परयाविष्टो विषीदन्निदमब्रवीत्।
अर्जुन उवाच
दृष्ट्वेमं स्वजनं कृष्ण युयुत्सुं समुपस्थितम्।।1.28।।

सीदन्ति मम गात्राणि मुखं च परिशुष्यति।
वेपथुश्च शरीरे मे रोमहर्षश्च जायते।।1.29।।

गाण्डीवं स्रंसते हस्तात्त्वक्चैव परिदह्यते।
न च शक्नोम्यवस्थातुं भ्रमतीव च मे मनः।।1.30।।

निमित्तानि च पश्यामि विपरीतानि केशव।
न च श्रेयोऽनुपश्यामि हत्वा स्वजनमाहवे।।1.31।।

न काङ्क्षे विजयं कृष्ण न च राज्यं सुखानि च।
किं नो राज्येन गोविन्द किं भोगैर्जीवितेन वा।।1.32।।

येषामर्थे काङ्क्षितं नो राज्यं भोगाः सुखानि च।
त इमेऽवस्थिता युद्धे प्राणांस्त्यक्त्वा धनानि च।।1.33।।

आचार्याः पितरः पुत्रास्तथैव च पितामहाः।
मातुलाः श्वशुराः पौत्राः श्यालाः सम्बन्धिनस्तथा।।1.34।।

एतान्न हन्तुमिच्छामि घ्नतोऽपि मधुसूदन।
अपि त्रैलोक्यराज्यस्य हेतोः किं नु महीकृते॥1.35॥

निहत्य धार्तराष्ट्रान्नः का प्रीतिः स्याज्जनार्दन।
पापमेवाश्रयेदस्मान्हत्वैतानाततायिनः॥1.36॥

तस्मान्नार्हा वयं हन्तुं धार्तराष्ट्रान्स्वबान्धवान्।
स्वजनं हि कथं हत्वा सुखिनः स्याम माधव॥1.37॥

यद्यप्येते न पश्यन्ति लोभोपहतचेतसः।
कुलक्षयकृतं दोषं मित्रद्रोहे च पातकम्॥1.38॥

कथं न ज्ञेयमस्माभिः पापादस्मान्निवर्तितुम्।
कुलक्षयकृतं दोषं प्रपश्यद्भिर्जनार्दन॥1.39॥

कुलक्षये प्रणश्यन्ति कुलधर्माः सनातनाः।
धर्मे नष्टे कुलं कृत्स्नमधर्मोऽभिभवत्युत॥1.40॥

अधर्माभिभवात्कृष्ण प्रदुष्यन्ति कुलस्त्रियः।
स्त्रीषु दुष्टासु वार्ष्णेय जायते वर्णसङ्करः॥1.41॥

सङ्करो नरकायैव कुलघ्नानां कुलस्य च।
पतन्ति पितरो ह्येषां लुप्तपिण्डोदकक्रियाः॥1.42॥

दोषैरेतैः कुलघ्नानां वर्णसङ्करकारकैः।
उत्साद्यन्ते जातिधर्माः कुलधर्माश्च शाश्वताः॥1.43॥

उत्सन्नकुलधर्माणां मनुष्याणां जनार्दन।
नरकेऽनियतं वासो भवतीत्यनुशुश्रुम॥1.44॥

अहो बत महत्पापं कर्तुं व्यवसिता वयम्।
यद्राज्यसुखलोभेन हन्तुं स्वजनमुद्यताः।।1.45।।

यदि मामप्रतीकारमशस्त्रं शस्त्रपाणयः।
धार्तराष्ट्रा रणे हन्युस्तन्मे क्षेमतरं भवेत्।।1.46।।

सञ्जय उवाच
एवमुक्त्वाऽर्जुनः संख्ये रथोपस्थ उपाविशत्।
विसृज्य सशरं चापं शोकसंविग्नमानसः।।1.47।।

ॐ तत्सदिति श्रीमद्भगवद्गीतासूपनिषत्सु
ब्रह्मविद्यायां योगशास्त्रे श्रीकृष्णार्जुनसंवादे
अर्जुनविषादयोगो नाम प्रथमोऽध्यायः ॥ 1॥

2

अथ द्वितीयोऽध्यायः।

साङ्ख्ययोगः

सञ्जय उवाच
तं तथा कृपयाऽविष्टमश्रुपूर्णाकुलेक्षणम्।
विषीदन्तमिदं वाक्यमुवाच मधुसूदनः।।2.1।।

श्री भगवानुवाच
कुतस्त्वा कश्मलमिदं विषमे समुपस्थितम्।
अनार्यजुष्टमस्वर्ग्यमकीर्तिकरमर्जुन।।2.2।।

क्लैब्यं मा स्म गमः पार्थ नैतत्त्वय्युपपद्यते।
क्षुद्रं हृदयदौर्बल्यं त्यक्त्वोत्तिष्ठ परन्तप।।2.3।।

अर्जुन उवाच
कथं भीष्ममहं संख्ये द्रोणं च मधुसूदन।
इषुभिः प्रतियोत्स्यामि पूजार्हावरिसूदन।।2.4।।

गुरूनहत्वा हि महानुभावान्
श्रेयो भोक्तुं भैक्ष्यमपीह लोके।
हत्वार्थकामांस्तु गुरूनिहैव
भुञ्जीय भोगान् रुधिरप्रदिग्धान्।।2.5।।

न चैतद्विद्मः कतरन्नो गरीयो
यद्वा जयेम यदि वा नो जयेयुः।
यानेव हत्वा न जिजीविषाम
स्तेऽवस्थिताः प्रमुखे धार्तराष्ट्राः॥2.6॥

कार्पण्यदोषोपहतस्वभावः
पृच्छामि त्वां धर्मसंमूढचेताः।
यच्छ्रेयः स्यान्निश्चितं ब्रूहि तन्मे
शिष्यस्तेऽहं शाधि मां त्वां प्रपन्नम्॥2.7॥

न हि प्रपश्यामि ममापनुद्या
द्यच्छोकमुच्छोषणमिन्द्रियाणाम्।
अवाप्य भूमावसपत्नमृद्धम्
राज्यं सुराणामपि चाधिपत्यम्॥2.8॥

सञ्जय उवाच
एवमुक्त्वा हृषीकेशं गुडाकेशः परन्तप।
न योत्स्य इति गोविन्दमुक्त्वा तूष्णीं बभूव ह॥2.9॥

तमुवाच हृषीकेशः प्रहसन्निव भारत।
सेनयोरुभयोर्मध्ये विषीदन्तमिदं वचः॥2.10॥

श्री भगवानुवाच
अशोच्यानन्वशोचस्त्वं प्रज्ञावादांश्च भाषसे।
गतासूनगतासूंश्च नानुशोचन्ति पण्डिताः॥2.11॥

न त्वेवाहं जातु नासं न त्वं नेमे जनाधिपाः।
न चैव न भविष्यामः सर्वे वयमतः परम्॥2.12॥

देहिनोऽस्मिन्यथा देहे कौमारं यौवनं जरा।
तथा देहान्तरप्राप्तिर्धीरस्तत्र न मुह्यति।।2.13।।

मात्रास्पर्शास्तु कौन्तेय शीतोष्णसुखदुःखदाः।
आगमापायिनोऽनित्यास्तांस्तितिक्षस्व भारत।।2.14।।

यं हि न व्यथयन्त्येते पुरुषं पुरुषर्षभ।
समदुःखसुखं धीरं सोऽमृतत्वाय कल्पते।।2.15।।

नासतो विद्यते भावो नाभावो विद्यते सतः।
उभयोरपि दृष्टोऽन्तस्त्वनयोस्तत्त्वदर्शिभिः।।2.16।।

अविनाशि तु तद्विद्धि येन सर्वमिदं ततम्।
विनाशमव्ययस्यास्य न कश्चित् कर्तुमर्हति।।2.17।।

अन्तवन्त इमे देहा नित्यस्योक्ताः शरीरिणः।
अनाशिनोऽप्रमेयस्य तस्माद्युध्यस्व भारत।।2.18।।

य एनं वेत्ति हन्तारं यश्चैनं मन्यते हतम्।
उभौ तौ न विजानीतो नायं हन्ति न हन्यते।।2.19।।

न जायते म्रियते वा कदाचि
न्नायं भूत्वा भविता वा न भूयः।
अजो नित्यः शाश्वतोऽयं पुराणो
न हन्यते हन्यमाने शरीरे।।2.20।।

वेदाविनाशिनं नित्यं य एनमजमव्ययम्।
कथं स पुरुषः पार्थ कं घातयति हन्ति कम्।।2.21।।

वासांसि जीर्णानि यथा विहाय
नवानि गृह्णाति नरोऽपराणि।
तथा शरीराणि विहाय जीर्णा-
न्यन्यानि संयाति नवानि देही।।2.22।।

नैनं छिन्दन्ति शस्त्राणि नैनं दहति पावकः।
न चैनं क्लेदयन्त्यापो न शोषयति मारुतः।।2.23।।

अच्छेद्योऽयमदाह्योऽयमक्लेद्योऽशोष्य एव च।
नित्यः सर्वगतः स्थाणुरचलोऽयं सनातनः।।2.24।।

अव्यक्तोऽयमचिन्त्योऽयमविकार्योऽयमुच्यते।
तस्मादेवं विदित्वैनं नानुशोचितुमर्हसि।।2.25।।

अथ चैनं नित्यजातं नित्यं वा मन्यसे मृतम्।
तथापि त्वं महाबाहो नैवं शोचितुमर्हसि।।2.26।।

जातस्य हि ध्रुवो मृत्युर्ध्रुवं जन्म मृतस्य च।
तस्मादपरिहार्येऽर्थे न त्वं शोचितुमर्हसि।।2.27।।

अव्यक्तादीनि भूतानि व्यक्तमध्यानि भारत।
अव्यक्तनिधनान्येव तत्र का परिदेवना।।2.28।।

आश्चर्यवत्पश्यति कश्चिदेन
माश्चर्यवद्वदति तथैव चान्यः।
आश्चर्यवच्चैनमन्यः श्रृणोति
श्रुत्वाप्येनं वेद न चैव कश्चित्।।2.29।।

देही नित्यमवध्योऽयं देहे सर्वस्य भारत।
तस्मात्सर्वाणि भूतानि न त्वं शोचितुमर्हसि॥2.30॥

स्वधर्ममपि चावेक्ष्य न विकम्पितुमर्हसि।
धर्म्याद्धि युद्धाच्छ्रेयोऽन्यत्क्षत्रियस्य न विद्यते॥2.31॥

यदृच्छया चोपपन्नं स्वर्गद्वारमपावृतम्।
सुखिनः क्षत्रियाः पार्थ लभन्ते युद्धमीदृशम्॥2.32॥

अथ चैत्त्वमिमं धर्म्यं संग्रामं न करिष्यसि।
ततः स्वधर्मं कीर्तिं च हित्वा पापमवाप्स्यसि॥2.33॥

अकीर्तिं चापि भूतानि कथयिष्यन्ति तेऽव्ययाम्।
संभावितस्य चाकीर्तिर्मरणादतिरिच्यते॥2.34॥

भयाद्रणादुपरतं मंस्यन्ते त्वां महारथाः।
येषां च त्वं बहुमतो भूत्वा यास्यसि लाघवम्॥2.35॥

अवाच्यवादांश्च बहून् वदिष्यन्ति तवाहिताः।
निन्दन्तस्तव सामर्थ्यं ततो दुःखतरं नु किम्॥2.36॥

हतो वा प्राप्स्यसि स्वर्गं जित्वा वा भोक्ष्यसे महीम्।
तस्मादुत्तिष्ठ कौन्तेय युद्धाय कृतनिश्चयः॥2.37॥

सुखदुःखे समे कृत्वा लाभालाभौ जयाजयौ।
ततो युद्धाय युज्यस्व नैवं पापमवाप्स्यसि॥2.38॥

एषा तेऽभिहिता सांख्ये बुद्धिर्योगे त्विमां शृणु।
बुद्ध्यायुक्तो यया पार्थ कर्मबन्धं प्रहास्यसि॥2.39॥

नेहाभिक्रमनाशोऽस्ति प्रत्यवायो न विद्यते।
स्वल्पमप्यस्य धर्मस्य त्रायते महतो भयात्।।2.40।।

व्यवसायात्मिका बुद्धिरेकेह कुरुनन्दन।
बहुशाखा ह्यनन्ताश्च बुद्धयोऽव्यवसायिनाम्।।2.41।।

यामिमां पुष्पितां वाचं प्रवदन्त्यविपश्चितः।
वेदवादरताः पार्थ नान्यदस्तीति वादिनः।।2.42।।

कामात्मानः स्वर्गपरा जन्मकर्मफलप्रदाम्।
क्रियाविशेषबहुलां भोगैश्वर्यगतिं प्रति।।2.43।।

भोगैश्वर्यप्रसक्तानां तयापहृतचेतसाम्।
व्यवसायात्मिका बुद्धिः समाधौ न विधीयते।।2.44।।

त्रैगुण्यविषया वेदा निस्त्रैगुण्यो भवार्जुन।
निर्द्वन्द्वो नित्यसत्त्वस्थो निर्योगक्षेम आत्मवान्।।2.45।।

यावानर्थ उदपाने सर्वतः संप्लुतोदके।
तावान्सर्वेषु वेदेषु ब्राह्मणस्य विजानतः।।2.46।।

कर्मण्येवाधिकारस्ते मा फलेषु कदाचन।
मा कर्मफलहेतुर्भूर्मा ते सङ्गोऽस्त्वकर्मणि।।2.47।।

योगस्थः कुरु कर्माणि सङ्गं त्यक्त्वा धनञ्जय।
सिद्ध्यसिद्ध्योः समो भूत्वा समत्वं योग उच्यते।।2.48।।

दूरेण ह्यवरं कर्म बुद्धियोगाद्धनञ्जय।
बुद्धौ शरणमन्विच्छ कृपणाः फलहेतवः।।2.49।।

बुद्धियुक्तो जहातीह उभे सुकृतदुष्कृते।
तस्माद्योगाय युज्यस्व योगः कर्मसु कौशलम्।।2.50।।

कर्मजं बुद्धियुक्ता हि फलं त्यक्त्वा मनीषिणः।
जन्मबन्धविनिर्मुक्ताः पदं गच्छन्त्यनामयम्।।2.51।।

यदा ते मोहकलिलं बुद्धिर्व्यतितरिष्यति।
तदा गन्तासि निर्वेदं श्रोतव्यस्य श्रुतस्य च।।2.52।।

श्रुतिविप्रतिपन्ना ते यदा स्थास्यति निश्चला।
समाधावचला बुद्धिस्तदा योगमवाप्स्यसि।।2.53।।

अर्जुन उवाच
स्थितप्रज्ञस्य का भाषा समाधिस्थस्य केशव।
स्थितधीः किं प्रभाषेत किमासीत व्रजेत किम्।।2.54।।

श्री भगवानुवाच
प्रजहाति यदा कामान् सर्वान् पार्थ मनोगतान्।
आत्मन्येवात्मना तुष्टः स्थितप्रज्ञस्तदोच्यते।।2.55।।

दुःखेष्वनुद्विग्नमनाः सुखेषु विगतस्पृहः।
वीतरागभयक्रोधः स्थितधीर्मुनिरुच्यते।।2.56।।

यः सर्वत्रानभिस्नेहस्तत्तत्प्राप्य शुभाशुभम्।
नाभिनन्दति न द्वेष्टि तस्य प्रज्ञा प्रतिष्ठिता।।2.57।।

यदा संहरते चायं कूर्मोऽङ्गानीव सर्वशः।
इन्द्रियाणीन्द्रियार्थेभ्यस्तस्य प्रज्ञा प्रतिष्ठिता।।2.58।।

विषया विनिवर्तन्ते निराहारस्य देहिनः।
रसवर्जं रसोऽप्यस्य परं दृष्ट्वा निवर्तते।।2.59।।

यततो ह्यपि कौन्तेय पुरुषस्य विपश्चितः।
इन्द्रियाणि प्रमाथीनि हरन्ति प्रसभं मनः।।2.60।।

तानि सर्वाणि संयम्य युक्त आसीत मत्परः।
वशे हि यस्येन्द्रियाणि तस्य प्रज्ञा प्रतिष्ठिता।।2.61।।

ध्यायतो विषयान्पुंसः सङ्गस्तेषूपजायते।
सङ्गात् संजायते कामः कामात्क्रोधोऽभिजायते।।2.62।।

क्रोधाद्भवति संमोहः संमोहात्स्मृतिविभ्रमः।
स्मृतिभ्रंशाद् बुद्धिनाशो बुद्धिनाशात्प्रणश्यति।।2.63।।

रागद्वेषवियुक्तैस्तु विषयानिन्द्रियैश्चरन्।
आत्मवश्यैर्विधेयात्मा प्रसादमधिगच्छति।।2.64।।

प्रसादे सर्वदुःखानां हानिरस्योपजायते।
प्रसन्नचेतसो ह्याशु बुद्धिः पर्यवतिष्ठते।।2.65।।

नास्ति बुद्धिरयुक्तस्य न चायुक्तस्य भावना।
न चाभावयतः शान्तिरशान्तस्य कुतः सुखम्।।2.66।।

इन्द्रियाणां हि चरतां यन्मनोऽनुविधीयते।
तदस्य हरति प्रज्ञां वायुर्नावमिवाम्भसि।।2.67।।

तस्माद्यस्य महाबाहो निगृहीतानि सर्वशः।
इन्द्रियाणीन्द्रियार्थेभ्यस्तस्य प्रज्ञा प्रतिष्ठिता।।2.68।।

या निशा सर्वभूतानां तस्यां जागर्ति संयमी।
यस्यां जाग्रति भूतानि सा निशा पश्यतो मुनेः।।2.69।।

आपूर्यमाणमचलप्रतिष्ठं
समुद्रमापः प्रविशन्ति यद्वत्।
तद्वत्कामा यं प्रविशन्ति सर्वे
स शान्तिमाप्नोति न कामकामी।।2.70।।

विहाय कामान्यः सर्वान्पुमांश्चरति निःस्पृहः।
निर्ममो निरहंकारः स शांतिमधिगच्छति।।2.71।।

एषा ब्राह्मी स्थितिः पार्थ नैनां प्राप्य विमुह्यति।
स्थित्वाऽस्यामन्तकालेऽपि ब्रह्मनिर्वाणमृच्छति।।2.72।।

ॐ तत्सदिति श्रीमद्भगवद्गीतासूपनिषत्सु
ब्रह्मविद्यायां योगशास्त्रे श्रीकृष्णार्जुनसंवादे
साङ्ख्ययोगो नाम द्वितीयोऽध्यायः ॥ 2॥

3

अथ तृतीयोऽध्यायः।

कर्मयोगः

अर्जुन उवाच
ज्यायसी चेत्कर्मणस्ते मता बुद्धिर्जनार्दन।
तत्किं कर्मणि घोरे मां नियोजयसि केशव॥3.1॥

व्यामिश्रेणेव वाक्येन बुद्धिं मोहयसीव मे।
तदेकं वद निश्चित्य येन श्रेयोऽहमाप्नुयाम्॥3.2॥

श्री भगवानुवाच
लोकेऽस्मिन्द्विविधा निष्ठा पुरा प्रोक्ता मयानघ।
ज्ञानयोगेन सांख्यानां कर्मयोगेन योगिनाम्॥3.3॥

न कर्मणामनारम्भान्नैष्कर्म्यं पुरुषोऽश्नुते।
न च संन्यसनादेव सिद्धिं समधिगच्छति॥3.4॥

न हि कश्चित्क्षणमपि जातु तिष्ठत्यकर्मकृत्।
कार्यते ह्यवशः कर्म सर्वः प्रकृतिजैर्गुणैः॥3.5॥

कर्मेन्द्रियाणि संयम्य य आस्ते मनसा स्मरन्।
इन्द्रियार्थान्विमूढात्मा मिथ्याचारः स उच्यते॥3.6॥

यस्त्विन्द्रियाणि मनसा नियम्यारभतेऽर्जुन।
कर्मेन्द्रियैः कर्मयोगमसक्तः स विशिष्यते।।3.7।।

नियतं कुरु कर्म त्वं कर्म ज्यायो ह्यकर्मणः।
शरीरयात्रापि च ते न प्रसिद्ध्येदकर्मणः।।3.8।।

यज्ञार्थात्कर्मणोऽन्यत्र लोकोऽयं कर्मबन्धनः।
तदर्थं कर्म कौन्तेय मुक्तसंगः समाचर।।3.9।।

सहयज्ञाः प्रजाः सृष्ट्वा पुरोवाच प्रजापतिः।
अनेन प्रसविष्यध्वमेष वोऽस्त्विष्टकामधुक्।।3.10।।

देवान्भावयतानेन ते देवा भावयन्तु वः।
परस्परं भावयन्तः श्रेयः परमवाप्स्यथ।।3.11।।

इष्टान्भोगान्हि वो देवा दास्यन्ते यज्ञभाविताः।
तैर्दत्तानप्रदायैभ्यो यो भुङ्क्ते स्तेन एव सः।।3.12।।

यज्ञशिष्टाशिनः सन्तो मुच्यन्ते सर्वकिल्बिषैः।
भुञ्जते ते त्वघं पापा ये पचन्त्यात्मकारणात्।।3.13।।

अन्नाद्भवन्ति भूतानि पर्जन्यादन्नसम्भवः।
यज्ञाद्भवति पर्जन्यो यज्ञः कर्मसमुद्भवः।।3.14।।

कर्म ब्रह्मोद्भवं विद्धि ब्रह्माक्षरसमुद्भवम्।
तस्मात्सर्वगतं ब्रह्म नित्यं यज्ञे प्रतिष्ठितम्।।3.15।।

एवं प्रवर्तितं चक्रं नानुवर्तयतीह यः।
अघायुरिन्द्रियारामो मोघं पार्थ स जीवति।।3.16।।

यस्त्वात्मरतिरेव स्यादात्मतृप्तश्च मानवः।
आत्मन्येव च सन्तुष्टस्तस्य कार्यं न विद्यते।।3.17।।

नैव तस्य कृतेनार्थो नाकृतेनेह कश्चन।
न चास्य सर्वभूतेषु कश्चिदर्थव्यपाश्रयः ।।3.18।।

तस्मादसक्तः सततं कार्यं कर्म समाचर।
असक्तो ह्याचरन्कर्म परमाप्नोति पूरुषः।।3.19।।

कर्मणैव हि संसिद्धिमास्थिता जनकादयः।
लोकसंग्रहमेवापि संपश्यन्कर्तुमर्हसि।।3.20।।

यद्यदाचरति श्रेष्ठस्तत्तदेवेतरो जनः।
स यत्प्रमाणं कुरुते लोकस्तदनुवर्तते।।3.21।।

न मे पार्थास्ति कर्तव्यं त्रिषु लोकेषु किञ्चन।
नानवाप्तमवाप्तव्यं वर्त एव च कर्मणि।।3.22।।

यदि ह्यहं न वर्तेयं जातु कर्मण्यतन्द्रितः।
मम वर्त्मानुवर्तन्ते मनुष्याः पार्थ सर्वशः।।3.23।।

उत्सीदेयुरिमे लोका न कुर्यां कर्म चेदहम्।
सङ्करस्य च कर्ता स्यामुपहन्यामिमाः प्रजाः।।3.24।।

सक्ताः कर्मण्यविद्वांसो यथा कुर्वन्ति भारत।
कुर्याद्विद्वांस्तथासक्तश्चिकीर्षुर्लोकसंग्रहम्।।3.25।।

न बुद्धिभेदं जनयेदज्ञानां कर्मसङ्गिनाम्।
जोषयेत्सर्वकर्माणि विद्वान् युक्तः समाचरन्।।3.26।।

प्रकृतेः क्रियमाणानि गुणैः कर्माणि सर्वशः।
अहङ्कारविमूढात्मा कर्ताऽहमिति मन्यते।।3.27।।

तत्त्ववित्तु महाबाहो गुणकर्मविभागयोः।
गुणा गुणेषु वर्तन्त इति मत्वा न सज्जते।।3.28।।

प्रकृतेर्गुणसम्मूढाः सज्जन्ते गुणकर्मसु।
तानकृत्स्नविदो मन्दान्कृत्स्नविन्न विचालयेत्।।3.29।।

मयि सर्वाणि कर्माणि संन्यस्याध्यात्मचेतसा।
निराशीर्निर्ममो भूत्वा युध्यस्व विगतज्वरः।।3.30।।

ये मे मतमिदं नित्यमनुतिष्ठन्ति मानवाः।
श्रद्धावन्तोऽनसूयन्तो मुच्यन्ते तेऽपि कर्मभिः।।3.31।।

ये त्वेतदभ्यसूयन्तो नानुतिष्ठन्ति मे मतम्।
सर्वज्ञानविमूढांस्तान्विद्धि नष्टानचेतसः।।3.32।।

सदृशं चेष्टते स्वस्याः प्रकृतेर्ज्ञानवानपि।
प्रकृतिं यान्ति भूतानि निग्रहः किं करिष्यति।।3.33।।

इन्द्रियस्येन्द्रियस्यार्थे रागद्वेषौ व्यवस्थितौ।
तयोर्न वशमागच्छेत्तौ ह्यस्य परिपन्थिनौ।।3.34।।

श्रेयान्स्वधर्मो विगुणः परधर्मात्स्वनुष्ठितात्।
स्वधर्मे निधनं श्रेयः परधर्मो भयावहः।।3.35।।

अर्जुन उवाच
अथ केन प्रयुक्तोऽयं पापं चरति पूरुषः।
अनिच्छन्नपि वार्ष्णेय बलादिव नियोजितः।।3.36।।

श्री भगवानुवाच
काम एष क्रोध एष रजोगुणसमुद्भवः।
महाशनो महापाप्मा विद्ध्येनमिह वैरिणम्।।3.37।।

धूमेनाव्रियते वह्निर्यथाऽऽदर्शो मलेन च।
यथोल्बेनावृतो गर्भस्तथा तेनेदमावृतम्।।3.38।।

आवृतं ज्ञानमेतेन ज्ञानिनो नित्यवैरिणा।
कामरूपेण कौन्तेय दुष्पूरेणानलेन च।।3.39।।

इन्द्रियाणि मनो बुद्धिरस्याधिष्ठानमुच्यते।
एतैर्विमोहयत्येष ज्ञानमावृत्य देहिनम्।।3.40।।

तस्मात्त्वमिन्द्रियाण्यादौ नियम्य भरतर्षभ।
पाप्मानं प्रजहि ह्येनं ज्ञानविज्ञाननाशनम्।।3.41।।

इन्द्रियाणि पराण्याहुरिन्द्रियेभ्यः परं मनः।
मनसस्तु परा बुद्धिर्यो बुद्धेः परतस्तु सः।।3.42।।

एवं बुद्धेः परं बुद्ध्वा संस्तभ्यात्मानमात्मना।
जहि शत्रुं महाबाहो कामरूपं दुरासदम्॥3.43॥

ॐ तत्सदिति श्रीमद्भगवद्गीतासूपनिषत्सु ब्रह्मविद्यायां योगशास्त्रे श्रीकृष्णार्जुनसंवादे कर्मयोगो नाम तृतीयोऽध्यायः ॥ 3॥

4

अथ चतुर्थोऽध्यायः।

ज्ञानकर्मसंन्यासयोगः

श्री भगवानुवाच
इमं विवस्वते योगं प्रोक्तवानहमव्ययम्।
विवस्वान् मनवे प्राह मनुरिक्ष्वाकवेऽब्रवीत्।।4.1।।

एवं परम्पराप्राप्तमिमं राजर्षयो विदुः।
स कालेनेह महता योगो नष्टः परन्तप।।4.2।।

स एवायं मया तेऽद्य योगः प्रोक्तः पुरातनः।
भक्तोऽसि मे सखा चेति रहस्यं ह्येतदुत्तमम्।।4.3।।

अर्जुन उवाच
अपरं भवतो जन्म परं जन्म विवस्वतः।
कथमेतद्विजानीयां त्वमादौ प्रोक्तवानिति।।4.4।।

श्री भगवानुवाच
बहूनि मे व्यतीतानि जन्मानि तव चार्जुन।
तान्यहं वेद सर्वाणि न त्वं वेत्थ परन्तप।।4.5।।

अजोऽपि सन्नव्ययात्मा भूतानामीश्वरोऽपि सन्।
प्रकृतिं स्वामधिष्ठाय संभवाम्यात्ममायया।।4.6।।

यदा यदा हि धर्मस्य ग्लानिर्भवति भारत।
अभ्युत्थानमधर्मस्य तदाऽऽत्मानं सृजाम्यहम्।।4.7।।

परित्राणाय साधूनां विनाशाय च दुष्कृताम्।
धर्मसंस्थापनार्थाय संभवामि युगे युगे।।4.8।।

जन्म कर्म च मे दिव्यमेवं यो वेत्ति तत्त्वतः।
त्यक्त्वा देहं पुनर्जन्म नैति मामेति सोऽर्जुन।।4.9।।

वीतरागभयक्रोधा मन्मया मामुपाश्रिताः।
बहवो ज्ञानतपसा पूता मद्भावमागताः।।4.10।।

ये यथा मां प्रपद्यन्ते तांस्तथैव भजाम्यहम्।
मम वर्त्मानुवर्तन्ते मनुष्याः पार्थ सर्वशः।।4.11।।

काङ्क्षन्तः कर्मणां सिद्धिं यजन्त इह देवताः।
क्षिप्रं हि मानुषे लोके सिद्धिर्भवति कर्मजा।।4.12।।

चातुर्वर्ण्यं मया सृष्टं गुणकर्मविभागशः।
तस्य कर्तारमपि मां विद्ध्यकर्तारमव्ययम्।।4.13।।

न मां कर्माणि लिम्पन्ति न मे कर्मफले स्पृहा।
इति मां योऽभिजानाति कर्मभिर्न स बध्यते।।4.14।।

एवं ज्ञात्वा कृतं कर्म पूर्वैरपि मुमुक्षुभिः।
कुरु कर्मैव तस्मात्त्वं पूर्वैः पूर्वतरं कृतम्।।4.15।।

किं कर्म किमकर्मेति कवयोऽप्यत्र मोहिताः।
तत्ते कर्म प्रवक्ष्यामि यज्ज्ञात्वा मोक्ष्यसेऽशुभात्।।4.16।।

कर्मणो ह्यपि बोद्धव्यं बोद्धव्यं च विकर्मणः।
अकर्मणश्च बोद्धव्यं गहना कर्मणो गतिः।।4.17।।

कर्मण्यकर्म यः पश्येदकर्मणि च कर्म यः।
स बुद्धिमान् मनुष्येषु स युक्तः कृत्स्नकर्मकृत्।।4.18।।

यस्य सर्वे समारम्भाः कामसङ्कल्पवर्जिताः।
ज्ञानाग्निदग्धकर्माणं तमाहुः पण्डितं बुधाः।।4.19।।

त्यक्त्वा कर्मफलासङ्गं नित्यतृप्तो निराश्रयः।
कर्मण्यभिप्रवृत्तोऽपि नैव किञ्चित्करोति सः।।4.20।।

निराशीर्यतचित्तात्मा त्यक्तसर्वपरिग्रहः।
शारीरं केवलं कर्म कुर्वन्नाप्नोति किल्बिषम्।।4.21।।

यदृच्छालाभसन्तुष्टो द्वन्द्वातीतो विमत्सरः।
समः सिद्धावसिद्धौ च कृत्वापि न निबध्यते।।4.22।।

गतसङ्गस्य मुक्तस्य ज्ञानावस्थितचेतसः।
यज्ञायाचरतः कर्म समग्रं प्रविलीयते।।4.23।।

ब्रह्मार्पणं ब्रह्महविर्ब्रह्माग्नौ ब्रह्मणा हुतम्।
ब्रह्मैव तेन गन्तव्यं ब्रह्मकर्मसमाधिना।।4.24।।

दैवमेवापरे यज्ञं योगिनः पर्युपासते।
ब्रह्माग्नावपरे यज्ञं यज्ञेनैवोपजुह्वति।।4.25।।

श्रोत्रादीनीन्द्रियाण्यन्ये संयमाग्निषु जुह्वति।
शब्दादीन्विषयानन्य इन्द्रियाग्निषु जुह्वति।।4.26।।

सर्वाणीन्द्रियकर्माणि प्राणकर्माणि चापरे।
आत्मसंयमयोगाग्नौ जुह्वति ज्ञानदीपिते।।4.27।।

द्रव्ययज्ञास्तपोयज्ञा योगयज्ञास्तथापरे।
स्वाध्यायज्ञानयज्ञाश्च यतयः संशितव्रताः।।4.28।।

अपाने जुह्वति प्राण प्राणेऽपानं तथापरे।
प्राणापानगती रुद्ध्वा प्राणायामपरायणाः।।4.29।।

अपरे नियताहाराः प्राणान्प्राणेषु जुह्वति।
सर्वेऽप्येते यज्ञविदो यज्ञक्षपितकल्मषाः।।4.30।।

यज्ञशिष्टामृतभुजो यान्ति ब्रह्म सनातनम्।
नायं लोकोऽस्त्ययज्ञस्य कुतोऽन्यः कुरुसत्तम।।4.31।।

एवं बहुविधा यज्ञा वितता ब्रह्मणो मुखे।
कर्मजान्विद्धि तान्सर्वानेवं ज्ञात्वा विमोक्ष्यसे।।4.32।।

श्रेयान्द्रव्यमयाद्यज्ञाज्ज्ञानयज्ञः परन्तप।
सर्वं कर्माखिलं पार्थ ज्ञाने परिसमाप्यते।।4.33।।

तद्विद्धि प्रणिपातेन परिप्रश्नेन सेवया।
उपदेक्ष्यन्ति ते ज्ञानं ज्ञानिनस्तत्त्वदर्शिनः।।4.34।।

यज्ज्ञात्वा न पुनर्मोहमेवं यास्यसि पाण्डव।
येन भूतान्यशेषेण द्रक्ष्यस्यात्मन्यथो मयि।।4.35।।

अपि चेदसि पापेभ्यः सर्वेभ्यः पापकृत्तमः।
सर्वं ज्ञानप्लवेनैव वृजिनं सन्तरिष्यसि।।4.36।।

यथैधांसि समिद्धोऽग्निर्भस्मसात्कुरुतेऽर्जुन।
ज्ञानाग्निः सर्वकर्माणि भस्मसात्कुरुते तथा।।4.37।।

न हि ज्ञानेन सदृशं पवित्रमिह विद्यते।
तत्स्वयं योगसंसिद्धः कालेनात्मनि विन्दति।।4.38।।

श्रद्धावाँल्लभते ज्ञानं तत्परः संयतेन्द्रियः।
ज्ञानं लब्ध्वा परां शान्तिमचिरेणाधिगच्छति।।4.39।।

अज्ञश्चाश्रद्दधानश्च संशयात्मा विनश्यति।
नायं लोकोऽस्ति न परो न सुखं संशयात्मनः।।4.40।।

योगसंन्यस्तकर्माणं ज्ञानसंछिन्नसंशयम्।
आत्मवन्तं न कर्माणि निबध्नन्ति धनञ्जय।।4.41।।

तस्मादज्ञानसंभूतं हृत्स्थं ज्ञानासिनात्मनः।
छित्त्वैनं संशयं योगमातिष्ठोत्तिष्ठ भारत।।4.42।।

ॐ तत्सदिति श्रीमद्भगवद्गीतासूपनिषत्सु
ब्रह्मविद्यायां योगशास्त्रे श्रीकृष्णार्जुनसंवादे
ज्ञानकर्मसंन्यासयोगो नाम चतुर्थोऽध्यायः ।। 4।।

5

अथ पञ्चमोऽध्यायः।

संन्यासयोगः

अर्जुन उवाच
संन्यासं कर्मणां कृष्ण पुनर्योगं च शंससि।
यच्छ्रेय एतयोरेकं तन्मे ब्रूहि सुनिश्चितम्।।5.1।।

श्री भगवानुवाच
संन्यासः कर्मयोगश्च निःश्रेयसकरावुभौ।
तयोस्तु कर्मसंन्यासात्कर्मयोगो विशिष्यते।।5.2।।

ज्ञेयः स नित्यसंन्यासी यो न द्वेष्टि न काङ्क्षति।
निर्द्वन्द्वो हि महाबाहो सुखं बन्धात्प्रमुच्यते।।5.3।।

सांख्ययोगौ पृथग्बालाः प्रवदन्ति न पण्डिताः।
एकमप्यास्थितः सम्यगुभयोर्विन्दते फलम्।।5.4।।

यत्सांख्यैः प्राप्यते स्थानं तद्योगैरपि गम्यते।
एकं सांख्यं च योगं च यः पश्यति स पश्यति।।5.5।।

संन्यासस्तु महाबाहो दुःखमाप्तुमयोगतः।
योगयुक्तो मुनिर्ब्रह्म नचिरेणाधिगच्छति।।5.6।।

योगयुक्तो विशुद्धात्मा विजितात्मा जितेन्द्रियः।
सर्वभूतात्मभूतात्मा कुर्वन्नपि न लिप्यते।।5.7।।

नैव किंचित्करोमीति युक्तो मन्येत तत्त्ववित्।
पश्यन् श्रृणवन्स्पृशञ्जिघ्रन्नश्नन्गच्छन्स्वपन् श्वसन्।।5.8।।

प्रलपन्विसृजन्गृह्णन्नुन्मिषन्निमिषन्नपि।
इन्द्रियाणीन्द्रियार्थेषु वर्तन्त इति धारयन्।।5.9।।

ब्रह्मण्याधाय कर्माणि सङ्गं त्यक्त्वा करोति यः।
लिप्यते न स पापेन पद्मपत्रमिवाम्भसा।।5.10।।

कायेन मनसा बुद्ध्या केवलैरिन्द्रियैरपि।
योगिनः कर्म कुर्वन्ति सङ्गं त्यक्त्वाऽऽत्मशुद्धये।।5.11।।

युक्तः कर्मफलं त्यक्त्वा शान्तिमाप्नोति नैष्ठिकीम्।
अयुक्तः कामकारेण फले सक्तो निबध्यते।।5.12।।

सर्वकर्माणि मनसा संन्यस्यास्ते सुखं वशी।
नवद्वारे पुरे देही नैव कुर्वन्न कारयन्।।5.13।।

न कर्तृत्वं न कर्माणि लोकस्य सृजति प्रभुः।
न कर्मफलसंयोगं स्वभावस्तु प्रवर्तते।।5.14।।

नादत्ते कस्यचित्पापं न चैव सुकृतं विभुः।
अज्ञानेनावृतं ज्ञानं तेन मुह्यन्ति जन्तवः।।5.15।।

ज्ञानेन तु तदज्ञानं येषां नाशितमात्मनः।
तेषामादित्यवज्ज्ञानं प्रकाशयति तत्परम्।।5.16।।

तद्बुद्धयस्तदात्मानस्तन्निष्ठास्तत्परायणाः।
गच्छन्त्यपुनरावृत्तिं ज्ञाननिर्धूतकल्मषाः।।5.17।।

विद्याविनयसंपन्ने ब्राह्मणे गवि हस्तिनि।
शुनि चैव श्वपाके च पण्डिताः समदर्शिनः।।5.18।।

इहैव तैर्जितः सर्गो येषां साम्ये स्थितं मनः।
निर्दोषं हि समं ब्रह्म तस्माद्ब्रह्मणि ते स्थिताः।।5.19।।

न प्रहृष्येत्प्रियं प्राप्य नोद्विजेत्प्राप्य चाप्रियम्।
स्थिरबुद्धिरसम्मूढो ब्रह्मविद्ब्रह्मणि स्थितः।।5.20।।

बाह्यस्पर्शेष्वसक्तात्मा विन्दत्यात्मनि यत्सुखम्।
स ब्रह्मयोगयुक्तात्मा सुखमक्षयमश्नुते।।5.21।।

ये हि संस्पर्शजा भोगा दुःखयोनय एव ते।
आद्यन्तवन्तः कौन्तेय न तेषु रमते बुधः।।5.22।।

शक्नोतीहैव यः सोढुं प्राक्शरीरविमोक्षणात्।
कामक्रोधोद्भवं वेगं स युक्तः स सुखी नरः।।5.23।।

योऽन्तःसुखोऽन्तरारामस्तथान्तर्ज्योतिरेव यः।
स योगी ब्रह्मनिर्वाणं ब्रह्मभूतोऽधिगच्छति।।5.24।।

लभन्ते ब्रह्मनिर्वाणमृषयः क्षीणकल्मषाः।
छिन्नद्वैधा यतात्मानः सर्वभूतहिते रताः।।5.25।।

कामक्रोधवियुक्तानां यतीनां यतचेतसाम्।
अभितो ब्रह्मनिर्वाणं वर्तते विदितात्मनाम्।।5.26।।

स्पर्शान्कृत्वा बहिर्बाह्यांश्चक्षुश्चैवान्तरे भ्रुवोः।
प्राणापानौ समौ कृत्वा नासाभ्यन्तरचारिणौ।।5.27।।

यतेन्द्रियमनोबुद्धिर्मुनिर्मोक्षपरायणः।
विगतेच्छाभयक्रोधो यः सदा मुक्त एव सः।।5.28।।

भोक्तारं यज्ञतपसां सर्वलोकमहेश्वरम्।
सुहृदं सर्वभूतानां ज्ञात्वा मां शान्तिमृच्छति।।5.29।।

ॐ तत्सदिति श्रीमद्भगवद्गीतासूपनिषत्सु
ब्रह्मविद्यायां योगशास्त्रे श्रीकृष्णार्जुनसंवादे
संन्यासयोगो नाम पञ्चमोऽध्यायः ।।5।।

6

अथ षष्ठोऽध्यायः।

आत्मसंयमयोगः

श्री भगवानुवाच
अनाश्रितः कर्मफलं कार्यं कर्म करोति यः।
स संन्यासी च योगी च न निरग्निर्न चाक्रियः।।6.1।।

यं संन्यासमिति प्राहुर्योगं तं विद्धि पाण्डव।
न ह्यसंन्यस्तसङ्कल्पो योगी भवति कश्चन।।6.2।।

आरुरुक्षोर्मुनेर्योगं कर्म कारणमुच्यते।
योगारूढस्य तस्यैव शमः कारणमुच्यते।।6.3।।

यदा हि नेन्द्रियार्थेषु न कर्मस्वनुषज्जते।
सर्वसङ्कल्पसंन्यासी योगारूढस्तदोच्यते।।6.4।।

उद्धरेदात्मनाऽऽत्मानं नात्मानमवसादयेत्।
आत्मैव ह्यात्मनो बन्धुरात्मैव रिपुरात्मनः।।6.5।।

बन्धुरात्माऽऽत्मनस्तस्य येनात्मैवात्मना जितः।
अनात्मनस्तु शत्रुत्वे वर्तेतात्मैव शत्रुवत्।।6.6।।

जितात्मनः प्रशान्तस्य परमात्मा समाहितः।
शीतोष्णसुखदुःखेषु तथा मानापमानयोः।।6.7।।

ज्ञानविज्ञानतृप्तात्मा कूटस्थो विजितेन्द्रियः।
युक्त इत्युच्यते योगी समलोष्टाश्मकाञ्चनः।।6.8।।

सुहृन्मित्रार्युदासीनमध्यस्थद्वेष्यबन्धुषु।
साधुष्वपि च पापेषु समबुद्धिर्विशिष्यते।।6.9।।

योगी युञ्जीत सततमात्मानं रहसि स्थितः।
एकाकी यतचित्तात्मा निराशीरपरिग्रहः।।6.10।।

शुचौ देशे प्रतिष्ठाप्य स्थिरमासनमात्मनः।
नात्युच्छ्रितं नातिनीचं चैलाजिनकुशोत्तरम्।।6.11।।

तत्रैकाग्रं मनः कृत्वा यतचित्तेन्द्रियक्रियः।
उपविश्यासने युञ्ज्याद्योगमात्मविशुद्धये।।6.12।।

समं कायशिरोग्रीवं धारयन्नचलं स्थिरः।
संप्रेक्ष्य नासिकाग्रं स्वं दिशश्चानवलोकयन्।।6.13।।

प्रशान्तात्मा विगतभीर्ब्रह्मचारिव्रते स्थितः।
मनः संयम्य मच्चित्तो युक्त आसीत मत्परः।।6.14।।

युञ्जन्नेवं सदाऽऽत्मानं योगी नियतमानसः।
शान्तिं निर्वाणपरमां मत्संस्थामधिगच्छति।।6.15।।

नात्यश्नतस्तु योगोऽस्ति न चैकान्तमनश्नतः।
न चातिस्वप्नशीलस्य जाग्रतो नैव चार्जुन॥6.16॥

युक्ताहारविहारस्य युक्तचेष्टस्य कर्मसु।
युक्तस्वप्नावबोधस्य योगो भवति दुःखहा॥6.17॥

यदा विनियतं चित्तमात्मन्येवावतिष्ठते।
निःस्पृहः सर्वकामेभ्यो युक्त इत्युच्यते तदा॥6.18॥

यथा दीपो निवातस्थो नेङ्गते सोपमा स्मृता।
योगिनो यतचित्तस्य युञ्जतो योगमात्मनः॥6.19॥

यत्रोपरमते चित्तं निरुद्धं योगसेवया।
यत्र चैवात्मनाऽऽत्मानं पश्यन्नात्मनि तुष्यति॥6.20॥

सुखमात्यन्तिकं यत्तद्बुद्धिग्राह्यमतीन्द्रियम्।
वेत्ति यत्र न चैवायं स्थितश्चलति तत्त्वतः॥6.21॥

यं लब्ध्वा चापरं लाभं मन्यते नाधिकं ततः।
यस्मिन्स्थितो न दुःखेन गुरुणापि विचाल्यते॥6.22॥

तं विद्याद् दुःखसंयोगवियोगं योगसंज्ञितम्।
स निश्चयेन योक्तव्यो योगोऽनिर्विण्णचेतसा॥6.23॥

सङ्कल्पप्रभवान्कामांस्त्यक्त्वा सर्वानशेषतः।
मनसैवेन्द्रियग्रामं विनियम्य समन्ततः॥6.24॥

शनैः शनैरुपरमेद् बुद्ध्या धृतिगृहीतया।
आत्मसंस्थं मनः कृत्वा न किञ्चिदपि चिन्तयेत्॥6.25॥

यतो यतो निश्चरति मनश्चञ्चलमस्थिरम्।
ततस्ततो नियम्यैतदात्मन्येव वशं नयेत्।।6.26।।

प्रशान्तमनसं ह्येनं योगिनं सुखमुत्तमम्।
उपैति शान्तरजसं ब्रह्मभूतमकल्मषम्।।6.27।।

युञ्जन्नेवं सदाऽऽत्मानं योगी विगतकल्मषः।
सुखेन ब्रह्मसंस्पर्शमत्यन्तं सुखमश्नुते।।6.28।।

सर्वभूतस्थमात्मानं सर्वभूतानि चात्मनि।
ईक्षते योगयुक्तात्मा सर्वत्र समदर्शनः।।6.29।।

यो मां पश्यति सर्वत्र सर्वं च मयि पश्यति।
तस्याहं न प्रणश्यामि स च मे न प्रणश्यति।।6.30।।

सर्वभूतस्थितं यो मां भजत्येकत्वमास्थितः।
सर्वथा वर्तमानोऽपि स योगी मयि वर्तते।।6.31।।

आत्मौपम्येन सर्वत्र समं पश्यति योऽर्जुन।
सुखं वा यदि वा दुःखं सः योगी परमो मतः।।6.32।।

अर्जुन उवाच
योऽयं योगस्त्वया प्रोक्तः साम्येन मधुसूदन।
एतस्याहं न पश्यामि चञ्चलत्वात् स्थितिं स्थिराम्।।6.33।।

चञ्चलं हि मनः कृष्ण प्रमाथि बलवद्दृढम्।
तस्याहं निग्रहं मन्ये वायोरिव सुदुष्करम्।।6.34।।

श्री भगवानुवाच
असंशयं महाबाहो मनो दुर्निग्रहं चलं।
अभ्यासेन तु कौन्तेय वैराग्येण च गृह्यते।।6.35।।

असंयतात्मना योगो दुष्प्राप इति मे मतिः।
वश्यात्मना तु यतता शक्योऽवाप्तुमुपायतः।।6.36।।

अर्जुन उवाच
अयतिः श्रद्धयोपेतो योगाच्चलितमानसः।
अप्राप्य योगसंसिद्धिं कां गतिं कृष्ण गच्छति।।6.37।।

कच्चिन्नोभयविभ्रष्टश्छिन्नाभ्रमिव नश्यति।
अप्रतिष्ठो महाबाहो विमूढो ब्रह्मणः पथि।।6.38।।

एतन्मे संशयं कृष्ण छेत्तुमर्हस्यशेषतः।
त्वदन्यः संशयस्यास्य छेत्ता न ह्युपपद्यते।।6.39।।

श्री भगवानुवाच
पार्थ नैवेह नामुत्र विनाशस्तस्य विद्यते।
नहि कल्याणकृत्कश्चिद् दुर्गतिं तात गच्छति।।6.40।।

प्राप्य पुण्यकृतां लोकानुषित्वा शाश्वतीः समाः।
शुचीनां श्रीमतां गेहे योगभ्रष्टोऽभिजायते।।6.41।।

अथवा योगिनामेव कुले भवति धीमताम्।
एतद्धि दुर्लभतरं लोके जन्म यदीदृशम्।।6.42।।

तत्र तं बुद्धिसंयोगं लभते पौर्वदेहिकम्।
यतते च ततो भूयः संसिद्धौ कुरुनन्दन।।6.43।।

पूर्वाभ्यासेन तेनैव ह्रियते ह्यवशोऽपि सः।
जिज्ञासुरपि योगस्य शब्दब्रह्मातिवर्तते।।6.44।।

प्रयत्नाद्यतमानस्तु योगी संशुद्धकिल्बिषः।
अनेकजन्मसंसिद्धस्ततो याति परां गतिम्।।6.45।।

तपस्विभ्योऽधिको योगी ज्ञानिभ्योऽपि मतोऽधिकः।
कर्मिभ्यश्चाधिको योगी तस्माद्योगी भवार्जुन।।6.46।।

योगिनामपि सर्वेषां मद्गतेनान्तरात्मना।
श्रद्धावान्भजते यो मां स मे युक्ततमो मतः।।6.47।।

ॐ तत्सदिति श्रीमद्भगवद्गीतासूपनिषत्सु ब्रह्मविद्यायां योगशास्त्रे श्रीकृष्णार्जुनसंवादे आत्मसंयमयोगो नाम षष्ठोऽध्यायः ॥ 6॥

7

अथ सप्तमोऽध्यायः।

ज्ञानविज्ञानयोगः

श्री भगवानुवाच
मय्यासक्तमनाः पार्थ योगं युञ्जन्मदाश्रयः।
असंशयं समग्रं मां यथा ज्ञास्यसि तच्छृणु॥7.1॥

ज्ञानं तेऽहं सविज्ञानमिदं वक्ष्याम्यशेषतः।
यज्ज्ञात्वा नेह भूयोऽन्यज्ज्ञातव्यमवशिष्यते॥7.2॥

मनुष्याणां सहस्रेषु कश्चिद्यतति सिद्धये।
यततामपि सिद्धानां कश्चिन्मां वेत्ति तत्त्वतः॥7.3॥

भूमिरापोऽनलो वायुः खं मनो बुद्धिरेव च।
अहङ्कार इतीयं मे भिन्ना प्रकृतिरष्टधा॥7.4॥

अपरेयमितस्त्वन्यां प्रकृतिं विद्धि मे पराम्।
जीवभूतां महाबाहो ययेदं धार्यते जगत्॥7.5॥

एतद्योनीनि भूतानि सर्वाणीत्युपधारय।
अहं कृत्स्नस्य जगतः प्रभवः प्रलयस्तथा॥7.6॥

मत्तः परतरं नान्यत्किञ्चिदस्ति धनञ्जय।
मयि सर्वमिदं प्रोतं सूत्रे मणिगणा इव॥7.7॥

रसोऽहमप्सु कौन्तेय प्रभास्मि शशिसूर्ययोः।
प्रणवः सर्ववेदेषु शब्दः खे पौरुषं नृषु॥7.8॥

पुण्यो गन्धः पृथिव्यां च तेजश्चास्मि विभावसौ।
जीवनं सर्वभूतेषु तपश्चास्मि तपस्विषु॥7.9॥

बीजं मां सर्वभूतानां विद्धि पार्थ सनातनम्।
बुद्धिर्बुद्धिमतामस्मि तेजस्तेजस्विनामहम्॥7.10॥

बलं बलवतां चाहं कामरागविवर्जितम्।
धर्माविरुद्धो भूतेषु कामोऽस्मि भरतर्षभ॥7.11॥

ये चैव सात्त्विका भावा राजसास्तामसाश्च ये।
मत्त एवेति तान्विद्धि न त्वहं तेषु ते मयि॥7.12॥

त्रिभिर्गुणमयैर्भावैरेभिः सर्वमिदं जगत्।
मोहितं नाभिजानाति मामेभ्यः परमव्ययम्॥7.13॥

दैवी ह्येषा गुणमयी मम माया दुरत्यया।
मामेव ये प्रपद्यन्ते मायामेतां तरन्ति ते॥7.14॥

न मां दुष्कृतिनो मूढाः प्रपद्यन्ते नराधमाः।
माययापहृतज्ञाना आसुरं भावमाश्रिताः॥7.15॥

चतुर्विधा भजन्ते मां जनाः सुकृतिनोऽर्जुन।
आर्तो जिज्ञासुरर्थार्थी ज्ञानी च भरतर्षभ॥7.16॥

तेषां ज्ञानी नित्ययुक्त एकभक्तिर्विशिष्यते।
प्रियो हि ज्ञानिनोऽत्यर्थमहं स च मम प्रियः॥7.17॥

उदाराः सर्व एवैते ज्ञानी त्वात्मैव मे मतम्।
आस्थितः स हि युक्तात्मा मामेवानुत्तमां गतिम्॥7.18॥

बहूनां जन्मनामन्ते ज्ञानवान्मां प्रपद्यते।
वासुदेवः सर्वमिति स महात्मा सुदुर्लभः॥7.19॥

कामैस्तैस्तैर्हृतज्ञानाः प्रपद्यन्तेऽन्यदेवताः।
तं तं नियममास्थाय प्रकृत्या नियताः स्वया॥7.20॥

यो यो यां यां तनुं भक्तः श्रद्धयार्चितुमिच्छति।
तस्य तस्याचलां श्रद्धां तामेव विदधाम्यहम्॥7.21॥

स तया श्रद्धया युक्तस्तस्याराधनमीहते।
लभते च ततः कामान्मयैव विहितान्हि तान्॥7.22॥

अन्तवत्तु फलं तेषां तद्भवत्यल्पमेधसाम्।
देवान्देवयजो यान्ति मद्भक्ता यान्ति मामपि॥7.23॥

अव्यक्तं व्यक्तिमापन्नं मन्यन्ते मामबुद्धयः।
परं भावमजानन्तो ममाव्ययमनुत्तमम्॥7.24॥

नाहं प्रकाशः सर्वस्य योगमायासमावृतः।
मूढोऽयं नाभिजानाति लोको मामजमव्ययम्॥7.25॥

वेदाहं समतीतानि वर्तमानानि चार्जुन।
भविष्याणि च भूतानि मां तु वेद न कश्चन॥7.26॥

इच्छाद्वेषसमुत्थेन द्वन्द्वमोहेन भारत।
सर्वभूतानि सम्मोहं सर्गे यान्ति परन्तप॥7.27॥

येषां त्वन्तगतं पापं जनानां पुण्यकर्मणाम्।
ते द्वन्द्वमोहनिर्मुक्ता भजन्ते मां दृढव्रताः॥7.28॥

जरामरणमोक्षाय मामाश्रित्य यतन्ति ये।
ते ब्रह्म तद्विदुः कृत्स्नमध्यात्मं कर्म चाखिलम्॥7.29॥

साधिभूताधिदैवं मां साधियज्ञं च ये विदुः।
प्रयाणकालेऽपि च मां ते विदुर्युक्तचेतसः॥7.30॥

ॐ तत्सदिति श्रीमद्भगवद्गीतासूपनिषत्सु ब्रह्मविद्यायां योगशास्त्रे श्रीकृष्णार्जुनसंवादे ज्ञानविज्ञानयोगो नाम सप्तमोऽध्यायः ॥7॥

8

अथ अष्टमोऽध्यायः।

अक्षरब्रह्मयोगः

अर्जुन उवाच
किं तद् ब्रह्म किमध्यात्मं किं कर्म पुरुषोत्तम।
अधिभूतं च किं प्रोक्तमधिदैवं किमुच्यते॥8.1॥

अधियज्ञः कथं कोऽत्र देहेऽस्मिन्मधुसूदन।
प्रयाणकाले च कथं ज्ञेयोऽसि नियतात्मभिः॥8.2॥

श्रीभगवानुवाच
अक्षरं ब्रह्म परमं स्वभावोऽध्यात्ममुच्यते।
भूतभावोद्भवकरो विसर्गः कर्मसंज्ञितः॥8.3॥

अधिभूतं क्षरो भावः पुरुषश्चाधिदैवतम्।
अधियज्ञोऽहमेवात्र देहे देहभृतां वर॥8.4॥

अन्तकाले च मामेव स्मरन्मुक्त्वा कलेवरम्।
यः प्रयाति स मद्भावं याति नास्त्यत्र संशयः॥8.5॥

यं यं वापि स्मरन्भावं त्यजत्यन्ते कलेवरम्।
तं तमेवैति कौन्तेय सदा तद्भावभावितः॥8.6॥

तस्मात्सर्वेषु कालेषु मामनुस्मर युध्य च।
मय्यर्पितमनोबुद्धिर्मामेवैष्यस्यसंशयम्॥8.7॥

अभ्यासयोगयुक्तेन चेतसा नान्यगामिना।
परमं पुरुषं दिव्यं याति पार्थानुचिन्तयन्॥8.8॥

कविं पुराणमनुशासितार-
मणोरणीयंसमनुस्मरेद्यः।
सर्वस्य धातारमचिन्त्यरूप-
मादित्यवर्णं तमसः परस्तात्॥8.9॥

प्रयाणकाले मनसाचलेन
भक्त्या युक्तो योगबलेन चैव।
भ्रुवोर्मध्ये प्राणमावेश्य सम्यक्
स तं परं पुरुषमुपैति दिव्यम्॥8.10॥

यदक्षरं वेदविदो वदन्ति
विशन्ति यद्यतयो वीतरागाः।
यदिच्छन्तो ब्रह्मचर्यं चरन्ति
तत्ते पदं सङ्ग्रहेण प्रवक्ष्ये॥8.11॥

सर्वद्वाराणि संयम्य मनो हृदि निरुध्य च।
मूर्ध्न्याधायात्मनः प्राणमास्थितो योगधारणाम्॥8.12॥

ओमित्येकाक्षरं ब्रह्म व्याहरन्मामनुस्मरन्।
यः प्रयाति त्यजन्देहं स याति परमां गतिम्॥8.13॥

अनन्यचेताः सततं यो मां स्मरति नित्यशः।
तस्याहं सुलभः पार्थ नित्ययुक्तस्य योगिनः॥8.14॥

मामुपेत्य पुनर्जन्म दुःखालयमशाश्वतम्।
नाप्नुवन्ति महात्मानः संसिद्धिं परमां गताः॥8.15॥

आब्रह्मभुवनाल्लोकाः पुनरावर्तिनोऽर्जुन।
मामुपेत्य तु कौन्तेय पुनर्जन्म न विद्यते॥8.16॥

सहस्रयुगपर्यन्तमहर्यद् ब्रह्मणो विदुः।
रात्रिं युगसहस्रान्तां तेऽहोरात्रविदो जनाः॥8.17॥

अव्यक्ताद् व्यक्तयः सर्वाः प्रभवन्त्यहरागमे।
रात्र्यागमे प्रलीयन्ते तत्रैवाव्यक्तसंज्ञके॥8.18॥

भूतग्रामः स एवायं भूत्वा भूत्वा प्रलीयते।
रात्र्यागमेऽवशः पार्थ प्रभवत्यहरागमे॥8.19॥

परस्तस्मात्तु भावोऽन्योऽव्यक्तोऽव्यक्तात्सनातनः।
यः स सर्वेषु भूतेषु नश्यत्सु न विनश्यति॥8.20॥

अव्यक्तोऽक्षर इत्युक्तस्तमाहुः परमां गतिम्।
यं प्राप्य न निवर्तन्ते तद्धाम परमं मम॥8.21॥

पुरुषः स परः पार्थ भक्त्या लभ्यस्त्वनन्यया।
यस्यान्तःस्थानि भूतानि येन सर्वमिदं ततम्॥8.22॥

यत्र काले त्वनावृत्तिमावृत्तिं चैव योगिनः।
प्रयाता यान्ति तं कालं वक्ष्यामि भरतर्षभ॥8.23॥

अग्निर्ज्योतिरहः शुक्लः षण्मासा उत्तरायणम्।
तत्र प्रयाता गच्छन्ति ब्रह्म ब्रह्मविदो जनाः॥8.24॥

धूमो रात्रिस्तथा कृष्णः षण्मासा दक्षिणायनम्।
तत्र चान्द्रमसं ज्योतिर्योगी प्राप्य निवर्तते॥8.25॥

शुक्लकृष्णे गती ह्येते जगतः शाश्वते मते।
एकया यात्यनावृत्तिमन्ययावर्तते पुनः॥8.26॥

नैते सृती पार्थ जानन्योगी मुह्यति कश्चन।
तस्मात्सर्वेषु कालेषु योगयुक्तो भवार्जुन॥8.27॥

वेदेषु यज्ञेषु तपःसु चैव
दानेषु यत्पुण्यफलं प्रदिष्टम्।
अत्येति तत्सर्वमिदं विदित्वा
योगी परं स्थानमुपैति चाद्यम्॥8.28॥

ॐ तत्सदिति श्रीमद्भगवद्गीतासूपनिषत्सु
ब्रह्मविद्यायां योगशास्त्रे श्रीकृष्णार्जुनसंवादे
अक्षरब्रह्मयोगो नामाष्टमोऽध्यायः ॥ 8॥

9

अथ नवमोऽध्यायः।

राजविद्याराजगुह्ययोगः

श्रीभगवानुवाच
इदं तु ते गुह्यतमं प्रवक्ष्याम्यनसूयवे।
ज्ञानं विज्ञानसहितं यज्ज्ञात्वा मोक्ष्यसेऽशुभात्॥9.1॥

राजविद्या राजगुह्यं पवित्रमिदमुत्तमम्।
प्रत्यक्षावगमं धर्म्यं सुसुखं कर्तुमव्ययम्॥9.2॥

अश्रद्दधानाः पुरुषा धर्मस्यास्य परन्तप।
अप्राप्य मां निवर्तन्ते मृत्युसंसारवर्त्मनि॥9.3॥

मया ततमिदं सर्वं जगदव्यक्तमूर्तिना।
मत्स्थानि सर्वभूतानि न चाहं तेष्ववस्थितः॥9.4॥

न च मत्स्थानि भूतानि पश्य मे योगमैश्वरम्।
भूतभृन्न च भूतस्थो ममात्मा भूतभावनः॥9.5॥

यथाकाशस्थितो नित्यं वायुः सर्वत्रगो महान्।
तथा सर्वाणि भूतानि मत्स्थानीत्युपधारय॥9.6॥

सर्वभूतानि कौन्तेय प्रकृतिं यान्ति मामिकाम् ।
कल्पक्षये पुनस्तानि कल्पादौ विसृजाम्यहम् ॥9.7॥

प्रकृतिं स्वामवष्टभ्य विसृजामि पुनः पुनः ।
भूतग्राममिमं कृत्स्नमवशं प्रकृतेर्वशात् ॥9.8॥

न च मां तानि कर्माणि निबध्नन्ति धनञ्जय ।
उदासीनवदासीनमसक्तं तेषु कर्मसु ॥9.9॥

मयाध्यक्षेण प्रकृतिः सूयते सचराचरम् ।
हेतुनानेन कौन्तेय जगद्विपरिवर्तते ॥9.10॥

अवजानन्ति मां मूढा मानुषीं तनुमाश्रितम् ।
परं भावमजानन्तो मम भूतमहेश्वरम् ॥9.11॥

मोघाशा मोघकर्माणो मोघज्ञाना विचेतसः ।
राक्षसीमासुरीं चैव प्रकृतिं मोहिनीं श्रिताः ॥9.12॥

महात्मानस्तु मां पार्थ दैवीं प्रकृतिमाश्रिताः ।
भजन्त्यनन्यमनसो ज्ञात्वा भूतादिमव्ययम् ॥9.13॥

सततं कीर्तयन्तो मां यतन्तश्च दृढव्रताः ।
नमस्यन्तश्च मां भक्त्या नित्ययुक्ता उपासते ॥9.14॥

ज्ञानयज्ञेन चाप्यन्ये यजन्तो मामुपासते ।
एकत्वेन पृथक्त्वेन बहुधा विश्वतोमुखम् ॥9.15॥

अहं क्रतुरहं यज्ञः स्वधाहमहमौषधम् ।
मन्त्रोऽहमहमेवाज्यमहमग्निरहं हुतम् ॥9.16॥

पिताहमस्य जगतो माता धाता पितामहः ।
वेद्यं पवित्रमोङ्कार ऋक्साम यजुरेव च ॥9.17॥

गतिर्भर्ता प्रभुः साक्षी निवासः शरणं सुहृत् ।
प्रभवः प्रलयः स्थानं निधानं बीजमव्ययम् ॥9.18॥

तपाम्यहमहं वर्षं निगृह्णाम्युत्सृजामि च ।
अमृतं चैव मृत्युश्च सदसच्चाहमर्जुन ॥9.19॥

त्रैविद्या मां सोमपाः पूतपापा
यज्ञैरिष्ट्वा स्वर्गतिं प्रार्थयन्ते ।
ते पुण्यमासाद्य सुरेन्द्रलोक-
मश्नन्ति दिव्यान्दिवि देवभोगान् ॥9.20॥

ते तं भुक्त्वा स्वर्गलोकं विशालं
क्षीणे पुण्ये मर्त्यलोकं विशन्ति ।
एवं त्रयीधर्ममनुप्रपन्ना
गतागतं कामकामा लभन्ते ॥9.21॥

अनन्याश्चिन्तयन्तो मां ये जनाः पर्युपासते ।
तेषां नित्याभियुक्तानां योगक्षेमं वहाम्यहम् ॥9.22॥

येऽप्यन्यदेवता भक्ता यजन्ते श्रद्धयान्विताः ।
तेऽपि मामेव कौन्तेय यजन्त्यविधिपूर्वकम् ॥9.23॥

अहं हि सर्वयज्ञानां भोक्ता च प्रभुरेव च ।
न तु मामभिजानन्ति तत्त्वेनातश्च्यवन्ति ते ॥9.24॥

यान्ति देवव्रता देवान्पितॄन्यान्ति पितृव्रताः ।
भूतानि यान्ति भूतेज्या यान्ति मद्याजिनोऽपि माम् ॥9.25॥

पत्रं पुष्पं फलं तोयं यो मे भक्त्या प्रयच्छति ।
तदहं भक्त्युपहृतमश्नामि प्रयतात्मनः ॥9.26॥

यत्करोषि यदश्नासि यज्जुहोषि ददासि यत् ।
यत्तपस्यसि कौन्तेय तत्कुरुष्व मदर्पणम् ॥9.27॥

शुभाशुभफलैरेवं मोक्ष्यसे कर्मबन्धनैः ।
संन्यासयोगयुक्तात्मा विमुक्तो मामुपैष्यसि ॥9.28॥

समोऽहं सर्वभूतेषु न मे द्वेष्योऽस्ति न प्रियः ।
ये भजन्ति तु मां भक्त्या मयि ते तेषु चाप्यहम् ॥9.29॥

अपि चेत्सुदुराचारो भजते मामनन्यभाक् ।
साधुरेव स मन्तव्यः सम्यग्व्यवसितो हि सः ॥9.30॥

क्षिप्रं भवति धर्मात्मा शश्वच्छान्तिं निगच्छति ।
कौन्तेय प्रतिजानीहि न मे भक्तः प्रणश्यति ॥9.31॥

मां हि पार्थ व्यपाश्रित्य येऽपि स्युः पापयोनयः ।
स्त्रियो वैश्यास्तथा शूद्रास्तेऽपि यान्ति परां गतिम् ॥9.32॥

किं पुनर्ब्राह्मणाः पुण्या भक्ता राजर्षयस्तथा ।
अनित्यमसुखं लोकमिमं प्राप्य भजस्व माम् ॥9.33॥

मन्मना भव मद्भक्तो मद्याजी मां नमस्कुरु।
मामेवैष्यसि युक्त्वैवमात्मानं मत्परायणः ॥9.34॥

ॐ तत्सदिति श्रीमद्भगवद्गीतासूपनिषत्सु
ब्रह्मविद्यायां योगशास्त्रे श्रीकृष्णार्जुनसंवादे
राजविद्याराजगुह्ययोगो नाम नवमोऽध्यायः ॥9॥

10

अथ दशमोऽध्यायः।

विभूतियोगः

श्रीभगवानुवाच
भूय एव महाबाहो शृणु मे परमं वचः।
यत्तेऽहं प्रीयमाणाय वक्ष्यामि हितकाम्यया॥10.1॥

न मे विदुः सुरगणाः प्रभवं न महर्षयः।
अहमादिर्हि देवानां महर्षीणां च सर्वशः॥10.2॥

यो मामजमनादिं च वेत्ति लोकमहेश्वरम्।
असम्मूढः स मर्त्येषु सर्वपापैः प्रमुच्यते॥10.3॥

बुद्धिर्ज्ञानमसम्मोहः क्षमा सत्यं दमः शमः।
सुखं दुःखं भवोऽभावो भयं चाभयमेव च ॥10.4॥

अहिंसा समता तुष्टिस्तपो दानं यशोऽयशः।
भवन्ति भावा भूतानां मत्त एव पृथग्विधाः॥10.5॥

महर्षयः सप्त पूर्वे चत्वारो मनवस्तथा।
मद्भावा मानसा जाता येषां लोक इमाः प्रजाः॥10.6॥

एतां विभूतिं योगं च मम यो वेत्ति तत्त्वतः।
सोऽविकम्पेन योगेन युज्यते नात्र संशयः॥10.7॥

अहं सर्वस्य प्रभवो मत्तः सर्वं प्रवर्तते।
इति मत्वा भजन्ते मां बुधा भावसमन्विताः॥10.8॥

मच्चित्ता मद्गतप्राणा बोधयन्तः परस्परम्।
कथयन्तश्च मां नित्यं तुष्यन्ति च रमन्ति च॥10.9॥

तेषां सततयुक्तानां भजतां प्रीतिपूर्वकम्।
ददामि बुद्धियोगं तं येन मामुपयान्ति ते॥10.10॥

तेषामेवानुकम्पार्थमहमज्ञानजं तमः।
नाशयाम्यात्मभावस्थो ज्ञानदीपेन भास्वता॥10.11॥

अर्जुन उवाच
परं ब्रह्म परं धाम पवित्रं परमं भवान्।
पुरुषं शाश्वतं दिव्यमादिदेवमजं विभुम्॥10.12॥

आहुस्त्वामृषयः सर्वे देवर्षिर्नारदस्तथा।
असितो देवलो व्यासः स्वयं चैव ब्रवीषि मे॥10.13॥

सर्वमेतदृतं मन्ये यन्मां वदसि केशव।
न हि ते भगवन्व्यक्तिं विदुर्देवा न दानवाः॥10.14॥

स्वयमेवात्मनात्मानं वेत्थ त्वं पुरुषोत्तम।
भूतभावन भूतेश देवदेव जगत्पते॥10.15॥

वक्तुमर्हस्यशेषेण दिव्या ह्यात्मविभूतयः।
याभिर्विभूतिभिर्लोकानिमांस्त्वं व्याप्य तिष्ठसि॥10.16॥

कथं विद्यामहं योगिंस्त्वां सदा परिचिन्तयन्।
केषु केषु च भावेषु चिन्त्योऽसि भगवन्मया॥10.17॥

विस्तरेणात्मनो योगं विभूतिं च जनार्दन।
भूयः कथय तृप्तिर्हि शृण्वतो नास्ति मेऽमृतम्॥10.18॥

श्री भगवानुवाच
हन्त ते कथयिष्यामि दिव्या ह्यात्मविभूतयः।
प्राधान्यतः कुरुश्रेष्ठ नास्त्यन्तो विस्तरस्य मे॥10.19॥

अहमात्मा गुडाकेश सर्वभूताशयस्थितः।
अहमादिश्च मध्यं च भूतानामन्त एव च॥10.20॥

आदित्यानामहं विष्णुर्ज्योतिषां रविरंशुमान्।
मरीचिर्मरुतामस्मि नक्षत्राणामहं शशी॥10.21॥

वेदानां सामवेदोऽस्मि देवानामस्मि वासवः।
इन्द्रियाणां मनश्चास्मि भूतानामस्मि चेतना॥10.22॥

रुद्राणां शङ्करश्चास्मि वित्तेशो यक्षरक्षसाम्।
वसूनां पावकश्चास्मि मेरुः शिखरिणामहम्॥10.23॥

पुरोधसां च मुख्यं मां विद्धि पार्थ बृहस्पतिम्।
सेनानीनामहं स्कन्दः सरसामस्मि सागरः॥10.24॥

महर्षीणां भृगुरहं गिरामस्म्येकमक्षरम्।
यज्ञानां जपयज्ञोऽस्मि स्थावराणां हिमालयः॥10.25॥

अश्वत्थः सर्ववृक्षाणां देवर्षीणां च नारदः।
गन्धर्वाणां चित्ररथः सिद्धानां कपिलो मुनिः॥10.26॥

उच्चैःश्रवसमश्वानां विद्धि माममृतोद्भवम्।
ऐरावतं गजेन्द्राणां नराणां च नराधिपम्॥10.27॥

आयुधानामहं वज्रं धेनूनामस्मि कामधुक्।
प्रजनश्चास्मि कन्दर्पः सर्पाणामस्मि वासुकिः॥10.28॥

अनन्तश्चास्मि नागानां वरुणो यादसामहम्।
पितॄणामर्यमा चास्मि यमः संयमतामहम्॥10.29॥

प्रह्लादश्चास्मि दैत्यानां कालः कलयतामहम्।
मृगाणां च मृगेन्द्रोऽहं वैनतेयश्च पक्षिणाम्॥10.30॥

पवनः पवतामस्मि रामः शस्त्रभृतामहम्।
झषाणां मकरश्चास्मि स्रोतसामस्मि जाह्नवी॥10.31॥

सर्गाणामादिरन्तश्च मध्यं चैवाहमर्जुन।
अध्यात्मविद्या विद्यानां वादः प्रवदतामहम्॥10.32॥

अक्षराणामकारोऽस्मि द्वन्द्वः सामासिकस्य च।
अहमेवाक्षयः कालो धाताहं विश्वतोमुखः॥10.33॥

मृत्युः सर्वहरश्चाहमुद्भवश्च भविष्यताम्।
कीर्तिः श्रीर्वाक्च नारीणां स्मृतिर्मेधा धृतिः क्षमा॥10.34॥

बृहत्साम तथा साम्नां गायत्री छन्दसामहम्।
मासानां मार्गशीर्षोऽहमृतूनां कुसुमाकरः॥10.35॥

द्यूतं छलयतामस्मि तेजस्तेजस्विनामहम्।
जयोऽस्मि व्यवसायोऽस्मि सत्त्वं सत्त्ववतामहम्॥10.36॥

वृष्णीनां वासुदेवोऽस्मि पाण्डवानां धनञ्जयः।
मुनीनामप्यहं व्यासः कवीनामुशना कविः॥10.37॥

दण्डो दमयतामस्मि नीतिरस्मि जिगीषताम्।
मौनं चैवास्मि गुह्यानां ज्ञानं ज्ञानवतामहम्॥10.38॥

यच्चापि सर्वभूतानां बीजं तदहमर्जुन।
न तदस्ति विना यत्स्यान्मया भूतं चराचरम्॥10.39॥

नान्तोऽस्ति मम दिव्यानां विभूतीनां परन्तप।
एष तूद्देशतः प्रोक्तो विभूतेर्विस्तरो मया॥10.40॥

यद्यद्विभूतिमत्सत्त्वं श्रीमदूर्जितमेव वा।
तत्तदेवावगच्छ त्वं मम तेजोंऽशसम्भवम्॥10.41॥

अथवा बहुनैतेन किं ज्ञातेन तवार्जुन।
विष्टभ्याहमिदं कृत्स्नमेकांशेन स्थितो जगत्॥10.42॥

ॐ तत्सदिति श्रीमद्भगवद्गीतासूपनिषत्सु
ब्रह्मविद्यायां योगशास्त्रे श्रीकृष्णार्जुनसंवादे
विभूतियोगो नाम दशमोऽध्यायः ॥10॥

 11

अथैकादशोऽध्यायः।

विश्वरूपदर्शनयोगः

अर्जुन उवाच
मदनुग्रहाय परमं गुह्यमध्यात्मसंज्ञितम्।
यत्त्वयोक्तं वचस्तेन मोहोऽयं विगतो मम॥11.1॥

भवाप्ययौ हि भूतानां श्रुतौ विस्तरशो मया।
त्वत्तः कमलपत्राक्ष माहात्म्यमपि चाव्ययम्॥11.2॥

एवमेतद्यथात्थ त्वमात्मानं परमेश्वर।
द्रष्टुमिच्छामि ते रूपमैश्वरं पुरुषोत्तम॥11.3॥

मन्यसे यदि तच्छक्यं मया द्रष्टुमिति प्रभो।
योगेश्वर ततो मे त्वं दर्शयाऽत्मानमव्ययम्॥11.4॥

श्री भगवानुवाच
पश्य मे पार्थ रूपाणि शतशोऽथ सहस्रशः।
नानाविधानि दिव्यानि नानावर्णाकृतीनि च॥11.5॥

पश्यादित्यान्वसून्रुद्रानश्विनौ मरुतस्तथा।
बहून्यदृष्टपूर्वाणि पश्याऽश्चर्याणि भारत॥11.6॥

इहैकस्थं जगत्कृत्स्नं पश्याद्य सचराचरम्।
मम देहे गुडाकेश यच्चान्यद्द्रष्टुमिच्छसि।।11.7।।

न तु मां शक्यसे द्रष्टुमनेनैव स्वचक्षुषा।
दिव्यं ददामि ते चक्षुः पश्य मे योगमैश्वरम्।।11.8।।

सञ्जय उवाच
एवमुक्त्वा ततो राजन्महायोगेश्वरो हरिः।
दर्शयामास पार्थाय परमं रूपमैश्वरम्।।11.9।।

अनेकवक्त्रनयनमनेकाद्भुतदर्शनम्।
अनेकदिव्याभरणं दिव्यानेकोद्यतायुधम्।।11.10।।

दिव्यमाल्याम्बरधरं दिव्यगन्धानुलेपनम्।
सर्वाश्चर्यमयं देवमनन्तं विश्वतोमुखम्।।11.11।।

दिवि सूर्यसहस्रस्य भवेद्युगपदुत्थिता।
यदि भाः सदृशी सा स्याद्भासस्तस्य महात्मनः।।11.12।।

तत्रैकस्थं जगत्कृत्स्नं प्रविभक्तमनेकधा।
अपश्यद्देवदेवस्य शरीरे पाण्डवस्तदा।।11.13।।

ततः स विस्मयाविष्टो हृष्टरोमा धनञ्जयः।
प्रणम्य शिरसा देवं कृताञ्जलिरभाषत।।11.14।।

अर्जुन उवाच
पश्यामि देवांस्तव देव देहे
सर्वांस्तथा भूतविशेषसङ्घान्।
ब्रह्माणमीशं कमलासनस्थ
मृषींश्च सर्वानुरगांश्च दिव्यान्॥11.15॥

अनेकबाहूदरवक्त्रनेत्रं
पश्यामि त्वां सर्वतोऽनन्तरूपम्।
नान्तं न मध्यं न पुनस्तवादिं
पश्यामि विश्वेश्वर विश्वरूप॥11.16॥

किरीटिनं गदिनं चक्रिणं च
तेजोराशिं सर्वतोदीप्तिमन्तम्।
पश्यामि त्वां दुर्निरीक्ष्यं समन्ता
द्दीप्तानलार्कद्युतिमप्रमेयम्॥11.17॥

त्वमक्षरं परमं वेदितव्यं
त्वमस्य विश्वस्य परं निधानम्।
त्वमव्ययः शाश्वतधर्मगोप्ता
सनातनस्त्वं पुरुषो मतो मे॥11.18॥

अनादिमध्यान्तमनन्तवीर्य
मनन्तबाहुं शशिसूर्यनेत्रम्।
पश्यामि त्वां दीप्तहुताशवक्त्रम्
स्वतेजसा विश्वमिदं तपन्तम्॥11.19॥

द्यावापृथिव्योरिदमन्तरं हि
व्याप्तं त्वयैकेन दिशश्च सर्वाः।
दृष्ट्वाऽद्भुतं रूपमुग्रं तवेदं
लोकत्रयं प्रव्यथितं महात्मन्॥11.20॥

अमी हि त्वां सुरसङ्घा विशन्ति
केचिद्भीताः प्राञ्जलयो गृणन्ति।
स्वस्तीत्युक्त्वा महर्षिसिद्धसङ्घाः
स्तुवन्ति त्वां स्तुतिभिः पुष्कलाभिः॥11.21॥

रुद्रादित्या वसवो ये च साध्या
विश्वेऽश्विनौ मरुतश्चोष्मपाश्च।
गन्धर्वयक्षासुरसिद्धसङ्घा
वीक्षन्ते त्वां विस्मिताश्चैव सर्वे॥11.22॥

रूपं महत्ते बहुवक्त्रनेत्रं
महाबाहो बहुबाहूरुपादम्।
बहूदरं बहुदंष्ट्राकरालं
दृष्ट्वा लोकाः प्रव्यथितास्तथाऽहम्॥11.23॥

नभःस्पृशं दीप्तमनेकवर्णं
व्यात्ताननं दीप्तविशालनेत्रम्।
दृष्ट्वा हि त्वां प्रव्यथितान्तरात्मा
धृतिं न विन्दामि शमं च विष्णो॥11.24॥

दंष्ट्राकरालानि च ते मुखानि
दृष्ट्वैव कालानलसन्निभानि।
दिशो न जाने न लभे च शर्म
प्रसीद देवेश जगन्निवास॥11.25॥

अमी च त्वां धृतराष्ट्रस्य पुत्राः
सर्वे सहैवावनिपालसङ्घैः।
भीष्मो द्रोणः सूतपुत्रस्तथाऽसौ
सहास्मदीयैरपि योधमुख्यैः॥11.26॥

वक्त्राणि ते त्वरमाणा विशन्ति
दंष्ट्राकरालानि भयानकानि।
केचिद्विलग्ना दशनान्तरेषु
संदृश्यन्ते चूर्णितैरुत्तमाङ्गैः॥11.27॥

यथा नदीनां बहवोऽम्बुवेगाः
समुद्रमेवाभिमुखा द्रवन्ति।
तथा तवामी नरलोकवीरा
विशन्ति वक्त्राण्यभिविज्वलन्ति॥11.28॥

यथा प्रदीप्तं ज्वलनं पतङ्गा
विशन्ति नाशाय समृद्धवेगाः।
तथैव नाशाय विशन्ति लोका
स्तवापि वक्त्राणि समृद्धवेगाः॥11.29॥

लेलिह्यसे ग्रसमानः समन्ता
ल्लोकान्समग्रान्वदनैर्ज्वलद्भिः।
तेजोभिरापूर्य जगत्समग्रं
भासस्तवोग्राः प्रतपन्ति विष्णो॥11.30॥

आख्याहि मे को भवानुग्ररूपो
नमोऽस्तु ते देववर प्रसीद।
विज्ञातुमिच्छामि भवन्तमाद्यं
न हि प्रजानामि तव प्रवृत्तिम्॥11.31॥

श्री भगवानुवाच
कालोऽस्मि लोकक्षयकृत्प्रवृद्धो
लोकान्समाहर्तुमिह प्रवृत्तः।
ऋतेऽपि त्वां न भविष्यन्ति सर्वे
येऽवस्थिताः प्रत्यनीकेषु योधाः॥11.32॥

तस्मात्त्वमुत्तिष्ठ यशो लभस्व
जित्वा शत्रून् भुङ्क्ष्व राज्यं समृद्धम्।
मयैवैते निहताः पूर्वमेव
निमित्तमात्रं भव सव्यसाचिन्॥11.33॥

द्रोणं च भीष्मं च जयद्रथं च
कर्णं तथाऽन्यानपि योधवीरान्।
मया हतांस्त्वं जहि मा व्यथिष्ठा
युध्यस्व जेतासि रणे सपत्नान्॥11.34॥

सञ्जय उवाच
एतच्छ्रुत्वा वचनं केशवस्य
कृताञ्जलिर्वेपमानः किरीटी।
नमस्कृत्वा भूय एवाह कृष्णं
सगद्गदं भीतभीतः प्रणम्य॥11.35॥

अर्जुन उवाच
स्थाने हृषीकेश तव प्रकीर्त्या
जगत् प्रहृष्यत्यनुरज्यते च।
रक्षांसि भीतानि दिशो द्रवन्ति
सर्वे नमस्यन्ति च सिद्धसङ्घाः॥11.36॥

कस्माच्च ते न नमेरन्महात्मन्
गरीयसे ब्रह्मणोऽप्यादिकर्त्रे।
अनन्त देवेश जगन्निवास
त्वमक्षरं सदसत्तत्परं यत्।।11.37।।

त्वमादिदेवः पुरुषः पुराण
स्त्वमस्य विश्वस्य परं निधानम्।
वेत्तासि वेद्यं च परं च धाम
त्वया ततं विश्वमनन्तरूप।।11.38।।

वायुर्यमोऽग्निर्वरुणः शशाङ्कः
प्रजापतिस्त्वं प्रपितामहश्च।
नमो नमस्तेऽस्तु सहस्रकृत्वः
पुनश्च भूयोऽपि नमो नमस्ते।।11.39।।

नमः पुरस्तादथ पृष्ठतस्ते
नमोऽस्तु ते सर्वत एव सर्व।
अनन्तवीर्यामितविक्रमस्त्वं
सर्वं समाप्नोषि ततोऽसि सर्वः।।11.40।।

सखेति मत्वा प्रसभं यदुक्तं
हे कृष्ण हे यादव हे सखेति।
अजानता महिमानं तवेदं
मया प्रमादात्प्रणयेन वापि।।11.41।।

यच्चावहासार्थमसत्कृतोऽसि
विहारशय्यासनभोजनेषु।
एकोऽथवाप्यच्युत तत्समक्षं
तत्क्षामये त्वामहमप्रमेयम्।।11.42।।

पितासि लोकस्य चराचरस्य
त्वमस्य पूज्यश्च गुरुर्गरीयान्।
न त्वत्समोऽस्त्यभ्यधिकः कुतोऽन्यो
लोकत्रयेऽप्यप्रतिमप्रभाव॥11.43॥

तस्मात्प्रणम्य प्रणिधाय कायं
प्रसादये त्वामहमीशमीड्यम्।
पितेव पुत्रस्य सखेव सख्युः
प्रियः प्रियायार्हसि देव सोढुम्॥11.44॥

अदृष्टपूर्वं हृषितोऽस्मि दृष्ट्वा
भयेन च प्रव्यथितं मनो मे।
तदेव मे दर्शय देव रूपं
प्रसीद देवेश जगन्निवास॥11.45॥

किरीटिनं गदिनं चक्रहस्त
मिच्छामि त्वां द्रष्टुमहं तथैव।
तेनैव रूपेण चतुर्भुजेन
सहस्रबाहो भव विश्वमूर्ते॥11.46॥

श्री भगवानुवाच
मया प्रसन्नेन तवार्जुनेदं
रूपं परं दर्शितमात्मयोगात्।
तेजोमयं विश्वमनन्तमाद्यं
यन्मे त्वदन्येन न दृष्टपूर्वम्॥11.47॥

न वेदयज्ञाध्ययनैर्न दानै
र्न च क्रियाभिर्न तपोभिरुग्रैः।
एवंरूपः शक्य अहं नृलोके
द्रष्टुं त्वदन्येन कुरुप्रवीर।।11.48।।

मा ते व्यथा मा च विमूढभावो
दृष्ट्वा रूपं घोरमीदृङ्ममेदम्।
व्यपेतभीः प्रीतमनाः पुनस्त्वं
तदेव मे रूपमिदं प्रपश्य।।11.49।।

सञ्जय उवाच
इत्यर्जुनं वासुदेवस्तथोक्त्वा
स्वकं रूपं दर्शयामास भूयः।
आश्वासयामास च भीतमेनं
भूत्वा पुनः सौम्यवपुर्महात्मा।।11.50।।

अर्जुन उवाच
दृष्ट्वेदं मानुषं रूपं तवसौम्यं जनार्दन।
इदानीमस्मि संवृत्तः सचेताः प्रकृतिं गतः।।11.51।।

श्री भगवानुवाच
सुदुर्दर्शमिदं रूपं दृष्टवानसि यन्मम।
देवा अप्यस्य रूपस्य नित्यं दर्शनकाङ्क्षिणः।।11.52।।

नाहं वेदैर्न तपसा न दानेन न चेज्यया।
शक्य एवंविधो द्रष्टुं दृष्टवानसि मां यथा।।11.53।।

भक्त्या त्वनन्यया शक्य अहमेवंविधोऽर्जुन।
ज्ञातुं दृष्टुं च तत्त्वेन प्रवेष्टुं च परंतप।।11.54।।

मत्कर्मकृन्मत्परमो मद्भक्तः सङ्गवर्जितः।
निर्वैरः सर्वभूतेषु यः स मामेति पाण्डव॥11.55॥

ॐ तत्सदिति श्रीमद्भगवद्गीतासूपनिषत्सु
ब्रह्मविद्यायां योगशास्त्रे श्रीकृष्णार्जुनसंवादे
विश्वरूपदर्शनयोगो नामैकादशोऽध्यायः ॥11॥

12

अथ द्वादशोऽध्यायः।

भक्तियोगः

अर्जुन उवाच
एवं सततयुक्ता ये भक्तास्त्वां पर्युपासते।
येचाप्यक्षरमव्यक्तं तेषां के योगवित्तमाः॥12.1॥

श्री भगवानुवाच
मय्यावेश्य मनो ये मां नित्ययुक्ता उपासते।
श्रद्धया परयोपेतास्ते मे युक्ततमा मताः॥12.2॥

ये त्वक्षरमनिर्देश्यमव्यक्तं पर्युपासते।
सर्वत्रगमचिन्त्यं च कूटस्थमचलं ध्रुवम्॥12.3॥

संनियम्येन्द्रियग्रामं सर्वत्र समबुद्धयः।
ते प्राप्नुवन्ति मामेव सर्वभूतहिते रताः॥12.4॥

क्लेशोऽधिकतरस्तेषामव्यक्तासक्तचेतसाम्।
अव्यक्ता हि गतिर्दुःखं देहवद्भिरवाप्यते॥12.5॥

ये तु सर्वाणि कर्माणि मयि संन्यस्य मत्पराः।
अनन्येनैव योगेन मां ध्यायन्त उपासते॥12.6॥

तेषामहं समुद्धर्ता मृत्युसंसारसागरात्।
भवामि नचिरात्पार्थ मय्यावेशितचेतसाम्।।12.7।।

मय्येव मन आधत्स्व मयि बुद्धिं निवेशय।
निवसिष्यसि मय्येव अत ऊर्ध्वं न संशयः।।12.8।।

अथ चित्तं समाधातुं न शक्नोषि मयि स्थिरम्।
अभ्यासयोगेन ततो मामिच्छाप्तुं धनञ्जय।।12.9।।

अभ्यासेऽप्यसमर्थोऽसि मत्कर्मपरमो भव।
मदर्थमपि कर्माणि कुर्वन् सिद्धिमवाप्स्यसि।।12.10।।

अथैतदप्यशक्तोऽसि कर्तुं मद्योगमाश्रितः।
सर्वकर्मफलत्यागं ततः कुरु यतात्मवान्।।12.11।।

श्रेयो हि ज्ञानमभ्यासाज्ज्ञानाद्ध्यानं विशिष्यते।
ध्यानात्कर्मफलत्यागस्त्यागाच्छान्तिरनन्तरम्।।12.12।।

अद्वेष्टा सर्वभूतानां मैत्रः करुण एव च।
निर्ममो निरहङ्कारः समदुःखसुखः क्षमी।।12.13।।

सन्तुष्टः सततं योगी यतात्मा दृढनिश्चयः।
मय्यर्पितमनोबुद्धिर्यो मद्भक्तः स मे प्रियः।।12.14।।

यस्मान्नोद्विजते लोको लोकान्नोद्विजते च यः।
हर्षामर्षभयोद्वेगैर्मुक्तो यः स च मे प्रियः।।12.15।।

अनपेक्षः शुचिर्दक्ष उदासीनो गतव्यथः।
सर्वारम्भपरित्यागी यो मद्भक्तः स मे प्रियः।।12.16।।

यो न हृष्यति न द्वेष्टि न शोचति न काङ्क्षति।
शुभाशुभपरित्यागी भक्तिमान्यः स मे प्रियः।।12.17।।

समः शत्रौ च मित्रे च तथा मानापमानयोः।
शीतोष्णसुखदुःखेषु समः सङ्गविवर्जितः।।12.18।।

तुल्यनिन्दास्तुतिर्मौनी सन्तुष्टो येनकेनचित्।
अनिकेतः स्थिरमतिर्भक्तिमान्मे प्रियो नरः।।12.19।।

ये तु धर्म्यामृतमिदं यथोक्तं पर्युपासते।
श्रद्दधाना मत्परमा भक्तास्तेऽतीव मे प्रियाः।।12.20।।

ॐ तत्सदिति श्रीमद्भगवद्गीतासूपनिषत्सु ब्रह्मविद्यायां योगशास्त्रे श्रीकृष्णार्जुनसंवादे भक्तियोगो नाम द्वादशोऽध्यायः ।।12।।

13

अथ त्रयोदशोऽध्यायः।

क्षेत्रक्षेत्रज्ञविभागयोगः

अर्जुन उवाच
प्रकृतिं पुरुषं चैव क्षेत्रं क्षेत्रज्ञमेव च।
एतद्वेदितुमिच्छामि ज्ञानं ज्ञेयं च केशव॥13.1॥

श्री भगवानुवाच
इदं शरीरं कौन्तेय क्षेत्रमित्यभिधीयते।
एतद्यो वेत्ति तं प्राहुः क्षेत्रज्ञ इति तद्विदः॥13.2॥

क्षेत्रज्ञं चापि मां विद्धि सर्वक्षेत्रेषु भारत।
क्षेत्रक्षेत्रज्ञयोर्ज्ञानं यत्तज्ज्ञानं मतं मम॥13.3॥

तत्क्षेत्रं यच्च यादृक् च यद्विकारि यतश्च यत्।
स च यो यत्प्रभावश्च तत्समासेन मे श्रृणु॥13.4॥

ऋषिभिर्बहुधा गीतं छन्दोभिर्विविधैः पृथक्।
ब्रह्मसूत्रपदैश्चैव हेतुमद्भिर्विनिश्चितैः ॥13.5॥

महाभूतान्यहङ्कारो बुद्धिरव्यक्तमेव च।
इन्द्रियाणि दशैकं च पञ्च चेन्द्रियगोचराः॥13.6॥

इच्छा द्वेषः सुखं दुःखं सङ्घातश्चेतनाधृतिः।
एतत्क्षेत्रं समासेन सविकारमुदाहृतम्।।13.7।।

अमानित्वमदम्भित्वमहिंसा क्षान्तिरार्जवम्।
आचार्योपासनं शौचं स्थैर्यमात्मविनिग्रहः।।13.8।।

इन्द्रियार्थेषु वैराग्यमनहङ्कार एव च।
जन्ममृत्युजराव्याधिदुःखदोषानुदर्शनम्।।13.9।।

असक्तिरनभिष्वङ्गः पुत्रदारगृहादिषु।
नित्यं च समचित्तत्वमिष्टानिष्टोपपत्तिषु।।13.10।।

मयि चानन्ययोगेन भक्तिरव्यभिचारिणी ।
विविक्तदेशसेवित्वमरतिर्जनसंसदि।।13.11।।

अध्यात्मज्ञाननित्यत्वं तत्त्वज्ञानार्थदर्शनम्।
एतज्ज्ञानमिति प्रोक्तमज्ञानं यदतोन्यथा।।13.12।।

ज्ञेयं यत्तत्प्रवक्ष्यामि यज्ज्ञात्वाऽमृतमश्नुते।
अनादिमत्परं ब्रह्म न सत्तन्नासदुच्यते।।13.13।।

सर्वतः पाणिपादं तत्सर्वतोऽक्षिशिरोमुखम्।
सर्वतः श्रुतिमल्लोके सर्वमावृत्य तिष्ठति।।13.14।।

सर्वेन्द्रियगुणाभासं सर्वेन्द्रियविवर्जितम्।
असक्तं सर्वभृच्चैव निर्गुणं गुणभोक्तृ च।।13.15।।

बहिरन्तश्च भूतानामचरं चरमेव च।
सूक्ष्मत्वात्तदविज्ञेयं दूरस्थं चान्तिके च तत्।।13.16।।

अविभक्तं च भूतेषु विभक्तमिव च स्थितम्।
भूतभर्तृ च तज्ज्ञेयं ग्रसिष्णु प्रभविष्णु च।।13.17।।

ज्योतिषामपि तज्ज्योतिस्तमसः परमुच्यते।
ज्ञानं ज्ञेयं ज्ञानगम्यं हृदि सर्वस्य विष्ठितम्।।13.18।।

इति क्षेत्रं तथा ज्ञानं ज्ञेयं चोक्तं समासतः।
मद्भक्त एतद्विज्ञाय मद्भावायोपपद्यते।।13.19।।

प्रकृतिं पुरुषं चैव विद्ध्यनादी उभावपि।
विकारांश्च गुणांश्चैव विद्धि प्रकृतिसंभवान्।।13.20।।

कार्यकारणकर्तृत्वे हेतुः प्रकृतिरुच्यते।
पुरुषः सुखदुःखानां भोक्तृत्वे हेतुरुच्यते।।13.21।।

पुरुषः प्रकृतिस्थो हि भुङ्क्ते प्रकृतिजान्गुणान्।
कारणं गुणसङ्गोऽस्य सदसद्योनिजन्मसु।।13.22।।

उपद्रष्टानुमन्ता च भर्ता भोक्ता महेश्वरः।
परमात्मेति चाप्युक्तो देहेऽस्मिन्पुरुषः परः।।13.23।।

य एवं वेत्ति पुरुषं प्रकृतिं च गुणैः सह।
सर्वथा वर्तमानोऽपि न स भूयोऽभिजायते।।13.24।।

ध्यानेनात्मनि पश्यन्ति केचिदात्मानमात्मना।
अन्ये सांख्येन योगेन कर्मयोगेन चापरे।।13.25।।

अन्ये त्वेवमजानन्तः श्रुत्वाऽन्येभ्य उपासते।
तेऽपि चातितरन्त्येव मृत्युं श्रुतिपरायणाः।।13.26।।

यावत्सञ्जायते किञ्चित्सत्त्वं स्थावरजङ्गमम्।
क्षेत्रक्षेत्रज्ञसंयोगात्तद्विद्धि भरतर्षभ।।13.27।।

समं सर्वेषु भूतेषु तिष्ठन्तं परमेश्वरम्।
विनश्यत्स्वविनश्यन्तं यः पश्यति स पश्यति।।13.28।।

समं पश्यन्हि सर्वत्र समवस्थितमीश्वरम्।
न हिनस्त्यात्मनाऽऽत्मानं ततो याति परां गतिम्।।13.29।।

प्रकृत्यैव च कर्माणि क्रियमाणानि सर्वशः।
यः पश्यति तथाऽऽत्मानमकर्तारं स पश्यति।।13.30।।

यदा भूतपृथग्भावमेकस्थमनुपश्यति।
तत एव च विस्तारं ब्रह्म सम्पद्यते तदा।।13.31।।

अनादित्वान्निर्गुणत्वात्परमात्मायमव्ययः।
शरीरस्थोऽपि कौन्तेय न करोति न लिप्यते।।13.32।।

यथा सर्वगतं सौक्ष्म्यादाकाशं नोपलिप्यते।
सर्वत्रावस्थितो देहे तथाऽऽत्मा नोपलिप्यते।।13.33।।

यथा प्रकाशयत्येकः कृत्स्नं लोकमिमं रविः।
क्षेत्रं क्षेत्री तथा कृत्स्नं प्रकाशयति भारत।।13.34।।

क्षेत्रक्षेत्रज्ञयोरेवमन्तरं ज्ञानचक्षुषा।
भूतप्रकृतिमोक्षं च ये विदुर्यान्ति ते परम्।।13.35।।

ॐ तत्सदिति श्रीमद्भगवद्गीतासूपनिषत्सु
ब्रह्मविद्यायां योगशास्त्रे श्रीकृष्णार्जुनसंवादे
क्षेत्रक्षेत्रज्ञविभागयोगो नाम त्रयोदशोऽध्यायः ॥13॥

14

अथ चतुर्दशोऽध्यायः।

गुणत्रयविभागयोगः

श्री भगवानुवाच
परं भूयः प्रवक्ष्यामि ज्ञानानां ज्ञानमुत्तमम्।
यज्ज्ञात्वा मुनयः सर्वे परां सिद्धिमितो गताः।।14.1।।

इदं ज्ञानमुपाश्रित्य मम साधर्म्यमागताः।
सर्गेऽपि नोपजायन्ते प्रलये न व्यथन्ति च।।14.2।।

मम योनिर्महद्ब्रह्म तस्मिन् गर्भं दधाम्यहम्।
संभवः सर्वभूतानां ततो भवति भारत।।14.3।।

सर्वयोनिषु कौन्तेय मूर्तयः सम्भवन्ति याः।
तासां ब्रह्म महद्योनिरहं बीजप्रदः पिता।।14.4।।

सत्त्वं रजस्तम इति गुणाः प्रकृतिसंभवाः।
निबध्नन्ति महाबाहो देहे देहिनमव्ययम्।।14.5।।

तत्र सत्त्वं निर्मलत्वात्प्रकाशकमनामयम्।
सुखसङ्गेन बध्नाति ज्ञानसङ्गेन चानघ।।14.6।।

रजो रागात्मकं विद्धि तृष्णासङ्गसमुद्भवम्।
तन्निबध्नाति कौन्तेय कर्मसङ्गेन देहिनम्।।14.7।।

तमस्त्वज्ञानजं विद्धि मोहनं सर्वदेहिनाम्।
प्रमादालस्यनिद्राभिस्तन्निबध्नाति भारत।।14.8।।

सत्त्वं सुखे सञ्जयति रजः कर्मणि भारत।
ज्ञानमावृत्य तु तमः प्रमादे सञ्जयत्युत।।14.9।।

रजस्तमश्चाभिभूय सत्त्वं भवति भारत।
रजः सत्त्वं तमश्चैव तमः सत्त्वं रजस्तथा।।14.10।।

सर्वद्वारेषु देहेऽस्मिन्प्रकाश उपजायते।
ज्ञानं यदा तदा विद्याद्विवृद्धं सत्त्वमित्युत।।14.11।।

लोभः प्रवृत्तिरारम्भः कर्मणामशमः स्पृहा।
रजस्येतानि जायन्ते विवृद्धे भरतर्षभ।।14.12।।

अप्रकाशोऽप्रवृत्तिश्च प्रमादो मोह एव च।
तमस्येतानि जायन्ते विवृद्धे कुरुनन्दन।।14.13।।

यदा सत्त्वे प्रवृद्धे तु प्रलयं याति देहभृत्।
तदोत्तमविदां लोकानमलान्प्रतिपद्यते।।14.14।।

रजसि प्रलयं गत्वा कर्मसङ्गिषु जायते।
तथा प्रलीनस्तमसि मूढयोनिषु जायते।।14.15।।

कर्मणः सुकृतस्याहुः सात्त्विकं निर्मलं फलम्।
रजसस्तु फलं दुःखमज्ञानं तमसः फलम्।।14.16।।

सत्त्वात्सञ्जायते ज्ञानं रजसो लोभ एव च।
प्रमादमोहौ तमसो भवतोऽज्ञानमेव च।।14.17।।

ऊर्ध्वं गच्छन्ति सत्त्वस्था मध्ये तिष्ठन्ति राजसाः।
जघन्यगुणवृत्तिस्था अधो गच्छन्ति तामसाः।।14.18।।

नान्यं गुणेभ्यः कर्तारं यदा द्रष्टानुपश्यति।
गुणेभ्यश्च परं वेत्ति मद्भावं सोऽधिगच्छति।।14.19।।

गुणानेतानतीत्य त्रीन्देही देहसमुद्भवान्।
जन्ममृत्युजरादुःखैर्विमुक्तोऽमृतमश्नुते।।14.20।।

अर्जुन उवाच
कैर्लिंगैस्त्रीन्गुणानेतानतीतो भवति प्रभो।
किमाचारः कथं चैतांस्त्रीन्गुणानतिवर्तते।।14.21।।

श्री भगवानुवाच
प्रकाशं च प्रवृत्तिं च मोहमेव च पाण्डव।
न द्वेष्टि सम्प्रवृत्तानि न निवृत्तानि काङ्क्षति।।14.22।।

उदासीनवदासीनो गुणैर्यो न विचाल्यते।
गुणा वर्तन्त इत्येव योऽवतिष्ठति नेङ्गते।।14.23।।

समदुःखसुखः स्वस्थः समलोष्टाश्मकाञ्चनः।
तुल्यप्रियाप्रियो धीरस्तुल्यनिन्दात्मसंस्तुतिः।।14.24।।

मानापमानयोस्तुल्यस्तुल्यो मित्रारिपक्षयोः।
सर्वारम्भपरित्यागी गुणातीतः स उच्यते।।14.25।।

मां च योऽव्यभिचारेण भक्तियोगेन सेवते।
स गुणान्समतीत्यैतान् ब्रह्मभूयाय कल्पते।।14.26।।

ब्रह्मणो हि प्रतिष्ठाऽहममृतस्याव्ययस्य च।
शाश्वतस्य च धर्मस्य सुखस्यैकान्तिकस्य च।।14.27।।

ॐ तत्सदिति श्रीमद्भगवद्गीतासूपनिषत्सु
ब्रह्मविद्यायां योगशास्त्रे श्रीकृष्णार्जुनसंवादे
गुणत्रयविभागयोगो नाम चतुर्दशोऽध्यायः ।।14।।

15

अथ पञ्चदशोऽध्यायः।

पुरुषोत्तमयोगः

श्री भगवानुवाच
ऊर्ध्वमूलमधःशाखमश्वत्थं प्राहुरव्ययम्।
छन्दांसि यस्य पर्णानि यस्तं वेद स वेदवित्॥15.1॥

अधश्चोर्ध्वं प्रसृतास्तस्य शाखा
गुणप्रवृद्धा विषयप्रवालाः।
अधश्च मूलान्यनुसन्ततानि
कर्मानुबन्धीनि मनुष्यलोके॥15.2॥

न रूपमस्येह तथोपलभ्यते
नान्तो न चादिर्न च संप्रतिष्ठा।
अश्वत्थमेनं सुविरूढमूल
मसङ्गशस्त्रेण दृढेन छित्त्वा॥15.3॥

ततः पदं तत्परिमार्गितव्यम्
यस्मिन्गता न निवर्तन्ति भूयः।
तमेव चाद्यं पुरुषं प्रपद्ये
यतः प्रवृत्तिः प्रसृता पुराणी॥15.4॥

निर्मानमोहा जितसङ्गदोषा
अध्यात्मनित्या विनिवृत्तकामाः।
द्वन्द्वैर्विमुक्ताः सुखदुःखसंज्ञै
र्गच्छन्त्यमूढाः पदमव्ययं तत्॥15.5॥

न तद्भासयते सूर्यो न शशाङ्को न पावकः।
यद्गत्वा न निवर्तन्ते तद्धाम परमं मम॥15.6॥

ममैवांशो जीवलोके जीवभूतः सनातनः।
मनःषष्ठानीन्द्रियाणि प्रकृतिस्थानि कर्षति॥15.7॥

शरीरं यदवाप्नोति यच्चाप्युत्क्रामतीश्वरः।
गृहीत्वैतानि संयाति वायुर्गन्धानिवाशयात्॥15.8॥

श्रोत्रं चक्षुः स्पर्शनं च रसनं घ्राणमेव च।
अधिष्ठाय मनश्चायं विषयानुपसेवते॥15.9॥

उत्क्रामन्तं स्थितं वापि भुञ्जानं वा गुणान्वितम्।
विमूढा नानुपश्यन्ति पश्यन्ति ज्ञानचक्षुषः॥15.10॥

यतन्तो योगिनश्चैनं पश्यन्त्यात्मन्यवस्थितम्।
यतन्तोऽप्यकृतात्मानो नैनं पश्यन्त्यचेतसः॥15.11॥

यदादित्यगतं तेजो जगद्भासयतेऽखिलम्।
यच्चन्द्रमसि यच्चाग्नौ तत्तेजो विद्धि मामकम्॥15.12॥

गामाविश्य च भूतानि धारयाम्यहमोजसा।
पुष्णामि चौषधीः सर्वाः सोमो भूत्वा रसात्मकः॥15.13॥

अहं वैश्वानरो भूत्वा प्राणिनां देहमाश्रितः।
प्राणापानसमायुक्तः पचाम्यन्नं चतुर्विधम्।।15.14।।

सर्वस्य चाहं हृदि सन्निविष्टो
मत्तः स्मृतिर्ज्ञानमपोहनं च।
वेदैश्च सर्वैरहमेव वेद्यो
वेदान्तकृद्वेदविदेव चाहम्।।15.15।।

द्वाविमौ पुरुषौ लोके क्षरश्चाक्षर एव च।
क्षरः सर्वाणि भूतानि कूटस्थोऽक्षर उच्यते।।15.16।।

उत्तमः पुरुषस्त्वन्यः परमात्मेत्युदाहृतः।
यो लोकत्रयमाविश्य बिभर्त्यव्यय ईश्वरः।।15.17।।

यस्मात्क्षरमतीतोऽहमक्षरादपि चोत्तमः।
अतोऽस्मि लोके वेदे च प्रथितः पुरुषोत्तमः।।15.18।।

यो मामेवमसम्मूढो जानाति पुरुषोत्तमम्।
स सर्वविद्भजति मां सर्वभावेन भारत।।15.19।।

इति गुह्यतमं शास्त्रमिदमुक्तं मयाऽनघ।
एतद्बुद्ध्वा बुद्धिमान्स्यात्कृतकृत्यश्च भारत।।15.20।।

ॐ तत्सदिति श्रीमद्भगवद्गीतासूपनिषत्सु
ब्रह्मविद्यायां योगशास्त्रे श्रीकृष्णार्जुन संवादे
पुरुषोत्तमयोगो नाम पञ्चदशोऽध्यायः ।।15।।

16

अथ षोडशोऽध्यायः।

दैवासुरसम्पद्विभागयोगः

श्री भगवानुवाच
अभयं सत्त्वसंशुद्धिः ज्ञानयोगव्यवस्थितिः।
दानं दमश्च यज्ञश्च स्वाध्यायस्तप आर्जवम्॥16.1॥

अहिंसा सत्यमक्रोधस्त्यागः शान्तिरपैशुनम्।
दया भूतेष्वलोलुप्त्वं मार्दवं ह्रीरचापलम्॥16.2॥

तेजः क्षमा धृतिः शौचमद्रोहो नातिमानिता।
भवन्ति सम्पदं दैवीमभिजातस्य भारत॥16.3॥

दम्भो दर्पोऽभिमानश्च क्रोधः पारुष्यमेव च।
अज्ञानं चाभिजातस्य पार्थ सम्पदमासुरीम्॥16.4॥

दैवी सम्पद्विमोक्षाय निबन्धायासुरी मता।
मा शुचः सम्पदं दैवीमभिजातोऽसि पाण्डव॥16.5॥

द्वौ भूतसर्गौ लोकेऽस्मिन् दैव आसुर एव च।
दैवो विस्तरशः प्रोक्त आसुरं पार्थ मे श्रृणु॥16.6॥

प्रवृत्तिं च निवृत्तिं च जना न विदुरासुराः।
न शौचं नापि चाचारो न सत्यं तेषु विद्यते।।16.7।।

असत्यमप्रतिष्ठं ते जगदाहुरनीश्वरम्।
अपरस्परसम्भूतं किमन्यत्कामहैतुकम्।।16.8।।

एतां दृष्टिमवष्टभ्य नष्टात्मानोऽल्पबुद्धयः।
प्रभवन्त्युग्रकर्माणः क्षयाय जगतोऽहिताः।।16.9।।

काममाश्रित्य दुष्पूरं दम्भमानमदान्विताः।
मोहाद्गृहीत्वासद्ग्राहान्प्रवर्तन्तेऽशुचिव्रताः।।16.10।।

चिन्तामपरिमेयां च प्रलयान्तामुपाश्रिताः।
कामोपभोगपरमा एतावदिति निश्चिताः।।16.11।।

आशापाशशतैर्बद्धाः कामक्रोधपरायणाः।
ईहन्ते कामभोगार्थमन्यायेनार्थसञ्चयान्।।16.12।।

इदमद्य मया लब्धमिमं प्राप्स्ये मनोरथम्।
इदमस्तीदमपि मे भविष्यति पुनर्धनम्।।16.13।।

असौ मया हतः शत्रुर्हनिष्ये चापरानपि।
ईश्वरोऽहमहं भोगी सिद्धोऽहं बलवान्सुखी।।16.14।।

आढ्योऽभिजनवानस्मि कोऽन्योऽस्ति सदृशो मया।
यक्ष्ये दास्यामि मोदिष्य इत्यज्ञानविमोहिताः।।16.15।।

अनेकचित्तविभ्रान्ता मोहजालसमावृताः।
प्रसक्ताः कामभोगेषु पतन्ति नरकेऽशुचौ।।16.16।।

आत्मसम्भाविताः स्तब्धा धनमानमदान्विताः।
यजन्ते नामयज्ञैस्ते दम्भेनाविधिपूर्वकम्।।16.17।।

अहङ्कारं बलं दर्पं कामं क्रोधं च संश्रिताः।
मामात्मपरदेहेषु प्रद्विषन्तोऽभ्यसूयकाः।।16.18।।

तानहं द्विषतः क्रूरान्संसारेषु नराधमान्।
क्षिपाम्यजस्रमशुभानासुरीष्वेव योनिषु।।16.19।।

आसुरीं योनिमापन्ना मूढा जन्मनि जन्मनि।
मामप्राप्यैव कौन्तेय ततो यान्त्यधमां गतिम्।।16.20।।

त्रिविधं नरकस्येदं द्वारं नाशनमात्मनः।
कामः क्रोधस्तथा लोभस्तस्मादेतत्त्रयं त्यजेत्।।16.21।।

एतैर्विमुक्तः कौन्तेय तमोद्वारैस्त्रिभिर्नरः।
आचरत्यात्मनः श्रेयस्ततो याति परां गतिम्।।16.22।।

यः शास्त्रविधिमुत्सृज्य वर्तते कामकारतः।
न स सिद्धिमवाप्नोति न सुखं न परां गतिम्।।16.23।।

तस्माच्छास्त्रं प्रमाणं ते कार्याकार्यव्यवस्थितौ।
ज्ञात्वा शास्त्रविधानोक्तं कर्म कर्तुमिहार्हसि।।16.24।।

ॐ तत्सदिति श्रीमद्भगवद्गीतासूपनिषत्सु
ब्रह्मविद्यायां योगशास्त्रे श्रीकृष्णार्जुनसंवादे
दैवासुरसम्पद्विभागयोगो नाम षोडशोऽध्यायः ।।16।।

17

अथ सप्तदशोऽध्यायः।

श्रद्धात्रयविभागयोगः

अर्जुन उवाच
ये शास्त्रविधिमुत्सृज्य यजन्ते श्रद्धयाऽन्विताः।
तेषां निष्ठा तु का कृष्ण सत्त्वमाहो रजस्तमः।।17.1।।

श्री भगवानुवाच
त्रिविधा भवति श्रद्धा देहिनां सा स्वभावजा।
सात्त्विकी राजसी चैव तामसी चेति तां श्रृणु।।17.2।।

सत्त्वानुरूपा सर्वस्य श्रद्धा भवति भारत।
श्रद्धामयोऽयं पुरुषो यो यच्छ्रद्धः स एव सः।।17.3।।

यजन्ते सात्त्विका देवान्यक्षरक्षांसि राजसाः।
प्रेतान्भूतगणांश्चान्ये यजन्ते तामसा जनाः।।17.4।।

अशास्त्रविहितं घोरं तप्यन्ते ये तपो जनाः।
दम्भाहङ्कारसंयुक्ताः कामरागबलान्विताः।।17.5।।

कर्षयन्तः शरीरस्थं भूतग्राममचेतसः।
मां चैवान्तःशरीरस्थं तान्विद्ध्यासुरनिश्चयान्।।17.6।।

आहारस्त्वपि सर्वस्य त्रिविधो भवति प्रियः।
यज्ञस्तपस्तथा दानं तेषां भेदमिमं श्रृणु॥17.7॥

आयुःसत्त्वबलारोग्यसुखप्रीतिविवर्धनाः।
रस्याः स्निग्धाः स्थिरा हृद्या आहाराः सात्त्विकप्रियाः॥17.8॥

कट्वम्ललवणात्युष्णतीक्ष्णरूक्षविदाहिनः।
आहारा राजसस्येष्टा दुःखशोकामयप्रदाः॥17.9॥

यातयामं गतरसं पूति पर्युषितं च यत्।
उच्छिष्टमपि चामेध्यं भोजनं तामसप्रियम्॥17.10॥

अफलाकाङ्क्षिभिर्यज्ञो विधिदृष्टो य इज्यते।
यष्टव्यमेवेति मनः समाधाय स सात्त्विकः॥17.11॥

अभिसंधाय तु फलं दम्भार्थमपि चैव यत्।
इज्यते भरतश्रेष्ठ तं यज्ञं विद्धि राजसम्॥17.12॥

विधिहीनमसृष्टान्नं मन्त्रहीनमदक्षिणम्।
श्रद्धाविरहितं यज्ञं तामसं परिचक्षते॥17.13॥

देवद्विजगुरुप्राज्ञपूजनं शौचमार्जवम्।
ब्रह्मचर्यमहिंसा च शारीरं तप उच्यते॥17.14॥

अनुद्वेगकरं वाक्यं सत्यं प्रियहितं च यत्।
स्वाध्यायाभ्यसनं चैव वाङ्मयं तप उच्यते॥17.15॥

मनःप्रसादः सौम्यत्वं मौनमात्मविनिग्रहः।
भावसंशुद्धिरित्येतत्तपो मानसमुच्यते॥17.16॥

श्रद्धया परया तप्तं तपस्तत्त्रिविधं नरैः।
अफलाकाङ्क्षिभिर्युक्तैः सात्त्विकं परिचक्षते।।17.17।।

सत्कारमानपूजार्थं तपो दम्भेन चैव यत्।
क्रियते तदिह प्रोक्तं राजसं चलमध्रुवम्।।17.18।।

मूढग्राहेणात्मनो यत्पीडया क्रियते तपः।
परस्योत्सादनार्थं वा तत्तामसमुदाहृतम्।।17.19।।

दातव्यमिति यद्दानं दीयतेऽनुपकारिणे।
देशे काले च पात्रे च तद्दानं सात्त्विकं स्मृतम्।।17.20।।

यत्तु प्रत्युपकारार्थं फलमुद्दिश्य वा पुनः।
दीयते च परिक्लिष्टं तद्दानं राजसं स्मृतम्।।17.21।।

अदेशकाले यद्दानमपात्रेभ्यश्च दीयते।
असत्कृतमवज्ञातं तत्तामसमुदाहृतम्।।17.22।।

तत्सदिति निर्देशो ब्रह्मणस्त्रिविधः स्मृतः।
ब्राह्मणास्तेन वेदाश्च यज्ञाश्च विहिताः पुरा।।17.23।।

तस्मादोमित्युदाहृत्य यज्ञदानतपःक्रियाः।
प्रवर्तन्ते विधानोक्ताः सततं ब्रह्मवादिनाम्।।17.24।।

तदित्यनभिसन्धाय फलं यज्ञतपःक्रियाः।
दानक्रियाश्च विविधाः क्रियन्ते मोक्षकाङ्क्षिभिः।।17.25।।

सद्भावे साधुभावे च सदित्येतत्प्रयुज्यते।
प्रशस्ते कर्मणि तथा सच्छब्दः पार्थ युज्यते।।17.26।।

यज्ञे तपसि दाने च स्थितिः सदिति चोच्यते।
कर्म चैव तदर्थीयं सदित्येवाभिधीयते।।17.27।।

अश्रद्धया हुतं दत्तं तपस्तप्तं कृतं च यत्।
असदित्युच्यते पार्थ न च तत्प्रेत्य नो इह।।17.28।।

ॐ तत्सदिति श्रीमद्भगवद्गीतासूपनिषत्सु
ब्रह्मविद्यायां योगशास्त्रे श्रीकृष्णार्जुनसंवादे
श्रद्धात्रयविभागयोगो नाम सप्तदशोऽध्यायः ।।17।।

18

अथाष्टादशोऽध्यायः।

मोक्षसंन्यासयोगः

अर्जुन उवाच
संन्यासस्य महाबाहो तत्त्वमिच्छामि वेदितुम्।
त्यागस्य च हृषीकेश पृथक्केशिनिषूदन॥18.1॥

श्री भगवानुवाच
काम्यानां कर्मणां न्यासं संन्यासं कवयो विदुः।
सर्वकर्मफलत्यागं प्राहुस्त्यागं विचक्षणाः॥18.2॥

त्याज्यं दोषवदित्येके कर्म प्राहुर्मनीषिणः।
यज्ञदानतपःकर्म न त्याज्यमिति चापरे॥18.3॥

निश्चयं श्रृणु मे तत्र त्यागे भरतसत्तम।
त्यागो हि पुरुषव्याघ्र त्रिविधः संप्रकीर्तितः॥18.4॥

यज्ञदानतपःकर्म न त्याज्यं कार्यमेव तत्।
यज्ञो दानं तपश्चैव पावनानि मनीषिणाम्॥18.5॥

एतान्यपि तु कर्माणि सङ्गं त्यक्त्वा फलानि च।
कर्तव्यानीति मे पार्थ निश्चितं मतमुत्तमम्॥18.6॥

नियतस्य तु संन्यासः कर्मणो नोपपद्यते।
मोहात्तस्य परित्यागस्तामसः परिकीर्तितः।।18.7।।

दुःखमित्येव यत्कर्म कायक्लेशभयात्त्यजेत्।
स कृत्वा राजसं त्यागं नैव त्यागफलं लभेत्।।18.8।।

कार्यमित्येव यत्कर्म नियतं क्रियतेऽर्जुन।
सङ्गं त्यक्त्वा फलं चैव स त्यागः सात्त्विको मतः।।18.9।।

न द्वेष्ट्यकुशलं कर्म कुशले नानुषज्जते।
त्यागी सत्त्वसमाविष्टो मेधावी छिन्नसंशयः।।18.10।।

न हि देहभृता शक्यं त्यक्तुं कर्माण्यशेषतः।
यस्तु कर्मफलत्यागी स त्यागीत्यभिधीयते।।18.11।।

अनिष्टमिष्टं मिश्रं च त्रिविधं कर्मणः फलम्।
भवत्यत्यागिनां प्रेत्य न तु संन्यासिनां क्वचित्।।18.12।।

पञ्चैतानि महाबाहो कारणानि निबोध मे।
सांख्ये कृतान्ते प्रोक्तानि सिद्धये सर्वकर्मणाम्।।18.13।।

अधिष्ठानं तथा कर्ता करणं च पृथग्विधम्।
विविधाश्च पृथक्चेष्टा दैवं चैवात्र पञ्चमम्।।18.14।।

शरीरवाङ्मनोभिर्यत्कर्म प्रारभते नरः।
न्याय्यं वा विपरीतं वा पञ्चैते तस्य हेतवः।।18.15।।

तत्रैवं सति कर्तारमात्मानं केवलं तु यः।
पश्यत्यकृतबुद्धित्वान्न स पश्यति दुर्मतिः।।18.16।।

यस्य नाहंकृतो भावो बुद्धिर्यस्य न लिप्यते।
हत्वापि स इमाँल्लोकान्न हन्ति न निबध्यते॥18.17॥

ज्ञानं ज्ञेयं परिज्ञाता त्रिविधा कर्मचोदना।
करणं कर्म कर्तेति त्रिविधः कर्मसंग्रहः॥18.18॥

ज्ञानं कर्म च कर्ता च त्रिधैव गुणभेदतः।
प्रोच्यते गुणसंख्याने यथावच्छृणु तान्यपि॥18.19॥

सर्वभूतेषु येनैकं भावमव्ययमीक्षते।
अविभक्तं विभक्तेषु तज्ज्ञानं विद्धि सात्त्विकम्॥18.20॥

पृथक्त्वेन तु यज्ज्ञानं नानाभावान्पृथग्विधान्।
वेत्ति सर्वेषु भूतेषु तज्ज्ञानं विद्धि राजसम्॥18.21॥

यत्तु कृत्स्नवदेकस्मिन्कार्ये सक्तमहैतुकम्।
अतत्त्वार्थवदल्पं च तत्तामसमुदाहृतम्॥18.22॥

यत्तु कृत्स्नवदेकस्मिन्कार्ये सक्तमहैतुकम्।
अतत्त्वार्थवदल्पं च तत्तामसमुदाहृतम्॥18.22॥

नियतं सङ्गरहितमरागद्वेषतः कृतम्।
अफलप्रेप्सुना कर्म यत्तत्सात्त्विकमुच्यते॥18.23॥

यत्तु कामेप्सुना कर्म साहङ्कारेण वा पुनः।
क्रियते बहुलायासं तद्राजसमुदाहृतम्॥18.24॥

अनुबन्धं क्षयं हिंसामनपेक्ष्य च पौरुषम्।
मोहादारभ्यते कर्म यत्तत्तामसमुच्यते॥18.25॥

मुक्तसङ्गोऽनहंवादी धृत्युत्साहसमन्वितः।
सिद्ध्यसिद्ध्योर्निर्विकारः कर्ता सात्त्विक उच्यते॥18.26॥

रागी कर्मफलप्रेप्सुर्लुब्धो हिंसात्मकोऽशुचिः।
हर्षशोकान्वितः कर्ता राजसः परिकीर्तितः॥18.27॥

अयुक्तः प्राकृतः स्तब्धः शठो नैष्कृतिकोऽलसः।
विषादी दीर्घसूत्री च कर्ता तामस उच्यते॥18.28॥

बुद्धेर्भेदं धृतेश्चैव गुणतस्त्रिविधं श्रृणु।
प्रोच्यमानमशेषेण पृथक्त्वेन धनञ्जय॥18.29॥

प्रवृत्तिं च निवृत्तिं च कार्याकार्ये भयाभये।
बन्धं मोक्षं च या वेत्ति बुद्धिः सा पार्थ सात्त्विकी॥18.30॥

यया धर्ममधर्मं च कार्यं चाकार्यमेव च।
अयथावत्प्रजानाति बुद्धिः सा पार्थ राजसी॥18.31॥

अधर्मं धर्ममिति या मन्यते तमसाऽऽवृता।
सर्वार्थान्विपरीतांश्च बुद्धिः सा पार्थ तामसी॥18.32॥

धृत्या यया धारयते मनःप्राणेन्द्रियक्रियाः।
योगेनाव्यभिचारिण्या धृतिः सा पार्थ सात्त्विकी॥18.33॥

यया तु धर्मकामार्थान् धृत्या धारयतेऽर्जुन।
प्रसङ्गेन फलाकाङ्क्षी धृतिः सा पार्थ राजसी॥18.34॥

यया स्वप्नं भयं शोकं विषादं मदमेव च।
न विमुञ्चति दुर्मेधा धृतिः सा पार्थ तामसी॥18.35॥

सुखं त्विदानीं त्रिविधं श्रृणु मे भरतर्षभ।
अभ्यासाद्रमते यत्र दुःखान्तं च निगच्छति।।18.36।।

यत्तदग्रे विषमिव परिणामेऽमृतोपमम्।
तत्सुखं सात्त्विकं प्रोक्तमात्मबुद्धिप्रसादजम्।।18.37।।

विषयेन्द्रियसंयोगाद्यत्तदग्रेऽमृतोपमम्।
परिणामे विषमिव तत्सुखं राजसं स्मृतम्।।18.38।।

यदग्रे चानुबन्धे च सुखं मोहनमात्मनः।
निद्रालस्यप्रमादोत्थं तत्तामसमुदाहृतम्।।18.39।।

न तदस्ति पृथिव्यां वा दिवि देवेषु वा पुनः।
सत्त्वं प्रकृतिजैर्मुक्तं यदेभिः स्यात्त्रिभिर्गुणैः ।।18.40।।

ब्राह्मणक्षत्रियविशां शूद्राणां च परंतप।
कर्माणि प्रविभक्तानि स्वभावप्रभवैर्गुणैः।।18.41।।

शमो दमस्तपः शौचं क्षान्तिरार्जवमेव च।
ज्ञानं विज्ञानमास्तिक्यं ब्रह्मकर्म स्वभावजम्।।18.42।।

शौर्यं तेजो धृतिर्दाक्ष्यं युद्धे चाप्यपलायनम्।
दानमीश्वरभावश्च क्षात्रं कर्म स्वभावजम्।।18.43।।

कृषिगौरक्ष्यवाणिज्यं वैश्यकर्म स्वभावजम्।
परिचर्यात्मकं कर्म शूद्रस्यापि स्वभावजम्।।18.44।।

स्वे स्वे कर्मण्यभिरतः संसिद्धिं लभते नरः।
स्वकर्मनिरतः सिद्धिं यथा विन्दति तच्छृणु।।18.45।।

यतः प्रवृत्तिर्भूतानां येन सर्वमिदं ततम्।
स्वकर्मणा तमभ्यर्च्य सिद्धिं विन्दति मानवः।।18.46।।

श्रेयान्स्वधर्मो विगुणः परधर्मात्स्वनुष्ठितात्।
स्वभावनियतं कर्म कुर्वन्नाप्नोति किल्बिषम्।।18.47।।

सहजं कर्म कौन्तेय सदोषमपि न त्यजेत्।
सर्वारम्भा हि दोषेण धूमेनाग्निरिवावृताः।।18.48।।

असक्तबुद्धिः सर्वत्र जितात्मा विगतस्पृहः।
नैष्कर्म्यसिद्धिं परमां संन्यासेनाधिगच्छति।।18.49।।

सिद्धिं प्राप्तो यथा ब्रह्म तथाप्नोति निबोध मे।
समासेनैव कौन्तेय निष्ठा ज्ञानस्य या परा।।18.50।।

बुद्ध्या विशुद्धया युक्तो धृत्याऽऽत्मानं नियम्य च।
शब्दादीन् विषयांस्त्यक्त्वा रागद्वेषौ व्युदस्य च।।18.51।।

विविक्तसेवी लघ्वाशी यतवाक्कायमानसः।
ध्यानयोगपरो नित्यं वैराग्यं समुपाश्रितः।।18.52।।

अहङ्कारं बलं दर्पं कामं क्रोधं परिग्रहम्।
विमुच्य निर्ममः शान्तो ब्रह्मभूयाय कल्पते।।18.53।।

ब्रह्मभूतः प्रसन्नात्मा न शोचति न काङ्क्षति।
समः सर्वेषु भूतेषु मद्भक्तिं लभते पराम्।।18.54।।

भक्त्या मामभिजानाति यावान्यश्चास्मि तत्त्वतः।
ततो मां तत्त्वतो ज्ञात्वा विशते तदनन्तरम्।।18.55।।

सर्वकर्माण्यपि सदा कुर्वाणो मद्व्यपाश्रयः।
मत्प्रसादादवाप्नोति शाश्वतं पदमव्ययम्॥18.56॥

चेतसा सर्वकर्माणि मयि संन्यस्य मत्परः।
बुद्धियोगमुपाश्रित्य मच्चित्तः सततं भव॥18.57॥

मच्चित्तः सर्वदुर्गाणि मत्प्रसादात्तरिष्यसि।
अथ चेत्त्वमहङ्कारान्न श्रोष्यसि विनङ्क्ष्यसि॥18.58॥

यदहङ्कारमाश्रित्य न योत्स्य इति मन्यसे।
मिथ्यैष व्यवसायस्ते प्रकृतिस्त्वां नियोक्ष्यति॥18.59॥

स्वभावजेन कौन्तेय निबद्धः स्वेन कर्मणा।
कर्तुं नेच्छसि यन्मोहात्करिष्यस्यवशोऽपि तत्॥18.60॥

ईश्वरः सर्वभूतानां हृद्देशेऽर्जुन तिष्ठति।
भ्रामयन्सर्वभूतानि यन्त्रारूढानि मायया॥18.61॥

तमेव शरणं गच्छ सर्वभावेन भारत।
तत्प्रसादात्परां शान्तिं स्थानं प्राप्स्यसि शाश्वतम्॥18.62॥

इति ते ज्ञानमाख्यातं गुह्याद्गुह्यतरं मया।
विमृश्यैतदशेषेण यथेच्छसि तथा कुरु॥18.63॥

सर्वगुह्यतमं भूयः श्रृणु मे परमं वचः।
इष्टोऽसि मे दृढमिति ततो वक्ष्यामि ते हितम्॥18.64॥

मन्मना भव मद्भक्तो मद्याजी मां नमस्कुरु।
मामेवैष्यसि सत्यं ते प्रतिजाने प्रियोऽसि मे॥18.65॥

सर्वधर्मान्परित्यज्य मामेकं शरणं व्रज।
अहं त्वां सर्वपापेभ्यो मोक्षयिष्यामि मा शुचः॥18.66॥

इदं ते नातपस्काय नाभक्ताय कदाचन।
न चाशुश्रूषवे वाच्यं न च मां योऽभ्यसूयति॥18.67॥

य इमं परमं गुह्यं मद्भक्तेष्वभिधास्यति।
भक्तिं मयि परां कृत्वा मामेवैष्यत्यसंशयः॥18.68॥

न च तस्मान्मनुष्येषु कश्चिन्मे प्रियकृत्तमः।
भविता न च मे तस्मादन्यः प्रियतरो भुवि॥18.69॥

अध्येष्यते च य इमं धर्म्यं संवादमावयोः।
ज्ञानयज्ञेन तेनाहमिष्टः स्यामिति मे मतिः॥18.70॥

श्रद्धावाननसूयश्च श्रृणुयादपि यो नरः।
सोऽपि मुक्तः शुभाँल्लोकान्प्राप्नुयात्पुण्यकर्मणाम्॥18.71॥

कच्चिदेतच्छ्रुतं पार्थ त्वयैकाग्रेण चेतसा।
कच्चिदज्ञानसंमोहः प्रनष्टस्ते धनञ्जय॥18.72॥

अर्जुन उवाच

नष्टो मोहः स्मृतिर्लब्धा त्वत्प्रसादान्मयाच्युत।
स्थितोऽस्मि गतसन्देहः करिष्ये वचनं तव॥18.73॥

सञ्जय उवाच

इत्यहं वासुदेवस्य पार्थस्य च महात्मनः।
संवादमिममश्रौषमद्भुतं रोमहर्षणम्॥18.74॥

व्यासप्रसादाच्छ्रुतवानेतद्गुह्यमहं परम्।
योगं योगेश्वरात्कृष्णात्साक्षात्कथयतः स्वयम्।।18.75।।

राजन्संस्मृत्य संस्मृत्य संवादमिममद्भुतम्।
केशवार्जुनयोः पुण्यं हृष्यामि च मुहुर्मुहुः।।18.76।।

तच्च संस्मृत्य संस्मृत्य रूपमत्यद्भुतं हरेः।
विस्मयो मे महान् राजन् हृष्यामि च पुनः पुनः।।18.77।।

यत्र योगेश्वरः कृष्णो यत्र पार्थो धनुर्धरः।
तत्र श्रीर्विजयो भूतिर्ध्रुवा नीतिर्मतिर्मम।।18.78।।

ॐ तत्सदिति श्रीमद्भगवद्गीतासूपनिषत्सु
ब्रह्मविद्यायां योगशास्त्रे श्रीकृष्णार्जुनसंवादे
मोक्षसंन्यासयोगो नाम अष्टादशोऽध्यायः ॥ 18॥

www.ingramcontent.com/pod-product-compliance
Lightning Source LLC
LaVergne TN
LVHW041916070526
838199LV00051BA/2636
* 9 7 8 9 3 5 9 8 9 9 5 6 5 *